AF542154

SUPPLÉMENT AUX PREUVES DE LA CHRONIQUE DE MATHIEU D'ESCOUCHY

IMPRIMERIE GÉNÉRALE DE CH. LAHURE
Rue de Fleurus, 9, à Paris

SUPPLÉMENT AUX PREUVES

DE LA CHRONIQUE

DE

MATHIEU D'ESCOUCHY

PUBLIÉ PAR

G. DU FRESNE DE BEAUCOURT

Extrait de L'ANNUAIRE-BULLETIN

DE LA SOCIÉTÉ DE L'HISTOIRE DE FRANCE (TOME II)

PARIS

IMPRIMERIE GÉNÉRALE DE CH. LAHURE

RUE DE FLEURUS, 9

1864

SUPPLÉMENT AUX PREUVES

DE LA CHRONIQUE

DE

MATHIEU D'ESCOUCHY.

I

RÔLES DE DÉPENSES

DU TEMPS DE CHARLES VII (1450-1451).

Nous avons publié dans les *Preuves* de notre édition de la *Chronique de Mathieu d'Escouchy* (pages 251, 372, 381 et 389), quatre rôles de dépenses visés et signés par Charles VII. Le premier de ces rôles présente l'emploi d'une somme de 60 002 livres 3 sous tournois sur celle de 170 000 livres octroyée en février 1446 par les États de Languedoc; les trois autres énoncent les paiements faits par Jacques Charrier, changeur du Trésor, sur le revenu des domaines et confiscations de Normandie, d'octobre 1449 à septembre 1450. Nous avions le projet de publier également deux rôles de même nature que le premier et d'un intérêt capital par l'abondance comme par la variété des renseignements. L'espace nous a manqué. Ce sont ces rôles que l'on trouvera ici. L'un comprend l'emploi de la somme de 141 666 livres tournois sur celle de 150 000 livres octroyée en avril 1449 par les États de Languedoc; l'autre nous offre le détail d'une somme de 113 915 livres 12 sous 8 deniers tournois sur l'aide de 120 000 livres octroyée par les mêmes États en mars 1451. Un grand nombre de personnages mentionnés dans ces pièces figurent dans la table de notre second volume; nous avons donc été très-sobre de notes, et nous renvoyons à cette table pour plus amples éclaircissements.

I

27 mars 1450.

Roole des parties paiées par maistre Estienne Petit, tresorier et receveur general de toutes finances ès païs de Languedoc et duché de Guienne, par le commandement et ordonnance du Roy nostre sire, de cent cinquante mille livres tournois, octroyée à mondit seigneur à Montpellier, ou mois d'avril après Pasques mil cccc quarante neuf, par les gens des trois Estaz dudit païs de Languedoc, et de six mille livres tournois pour le paiement des presidens, conseilliers et autres officiers du parlement de Tholouse, selon les ordonnances faictes par ledit seigneur sur le fait de ses finances, aux personnes et en la forme et manière qui s'ensuit :

Et premièrement, deniers baillez à officiers qui en doivent compter.

A Jaques Cuer, conseillier et argentier du Roy nostre dit seigneur, pour convertir, à cause de son dit office, aux robes des menuz officiers de l'ostel du Roy, de l'année finie en septembre mil cccc xlvii, oultre mil frans à lui, pour ladicte cause, assignez sur l'aide de cl^{m} l. t. octroyée par les gens des trois Estaz dudit païs à Montpeslier au mois de mars mil cccc xlvii avant Pasques, la somme de. . . . . iiii^{c} l. t.

A Guillaume de Varie, varlet de chambre du Roy nostre dit seigneur, et commis par ledit seigneur à faire l'office de l'argenterie, pour convertir, à cause de sadicte commission, en l'argenterie extraordinaire de l'année derrenierement passée, finie en septembre mil cccc xlix, la somme de. vi^{m} l. t.

Audit Guillaume de Varye, commis par ledit seigneur à

faire la recepte et despence de l'escuierie extraordinaire d'icellui seigneur, pour convertir, à cause de sadicte commission, en l'escuierie extraordinaire de ladicte année finie en septembre mil cccc xlix, la somme de. . . . vi^{m} l. t.

A lui, pour convertir comme dessus ou fait de ladicte escuierie, pour ladicte année finie en septembre mil cccc xlix, la somme de. . . . . iiii^{m} xxxvii l. t.

A lui, pour convertir, à cause de sadicte commission de l'argenterie, en la livrée des robes des menuz officiers de l'ostel du Roy de l'année derrenièrement passée, finie en septembre mil cccc xlviii, la somme de. . . . . . m l. t.

A lui, pour convertir ou fait des estrennes du premier jour de l'an mil cccc xlviii, et pour le parfait d'icelles estrennes. . . . . lxxiiii l. xii s. vi d. t

A Otto Castellan, tresorier de Tholouse, commis au paiement de iiii^{xx}x lances logez ou païs de Guienne soubz messire Marcien Garcie, Robin Petit Lo, Estienne l'Espinasse, et autres cappitaines, pour ung an commençant le premier jour de janvier mil cccc xlviii, et finissant le derrenier jour de decembre ensuivant m cccc xlix, au feur de ix l. t. pour lance, pour chascun mois, en ce comprins l'estat du cappitaine, la somme de. . . . . ix^{m}vii^{c}xx l. t.

Audit Otto, commis au paiement des presidens, conseilliers et autres officiers du parlement de Tholouse, pour convertir, à cause de sadicte commission, ou paiement des gens de parlement dessusdiz. . . . . vi^{m} l. t.

A Berthelemi de Carmonne, pour convertir ès euvres et reparacions du port d'Aiguesmortes sur ce qui a esté fait ès deux années precedans. . . . . m l. t.

xxxiiii^{m} ii^{c}xxxi l. xii s. vi d.

Deniers paiez en acquit du Roy.

Aux doiens et chappitre de l'eglise de Bourges, la somme de vi^{xx} l. t., à eulx deue de reste de la somme de deux cens quarante cinq livres deux solz six deniers tournois, en quoy le Roy leur estoit tenu, ainsi qu'il est apparu par lettres de *debentur* de la Chambre des comptes, pour certaine quantité de poisson de leurs estangs pièça prins d'eulx, de laquelle somme de ii^{c} xlv l. ii s. vi d. t. ledit seigneur leur a fait paier et assigner sur l'aide de cl^{m} fr., derrenièrement mis sus en

Languedoc, la somme de vi^{xx}v l. ii s. vi d. t., et veult la reste, montant ladicte somme de vi^{xx} l. t., estre cy paiée par ledit tresorier, et icelle estre allouée en la despence de ses comptes et rabatue de sa recepte, en rapportant quictance desdiz doien et chappitre avecques lesdictes lettres de *debentur*. Pour ce, cy. vi^{xx} l. t.

A Guillaume de Mazoran, marchant suivant la court du Roy nostre dit seigneur, la somme de iii^{m} l. t., en laquelle ledit seigneur lui estoit tenu pour certaine quantité de draps d'or et de soye, de pannes, et autres denrées cy après declairées, que ledit seigneur a fait prendre et achapter de lui ou mois de septembre mil cccc xlviii, et iceulx donnez à ma dame Helienor d'Escoce pour habillement pour elle pour le jour de ses nopces. C'est assavoir : Ung bel drap d'or riche, contenant xx aulnes, du pris de mil escus. Pour robe et petite cotte pour ladicte dame, douze cens de grans hermines pour fourer ledit drap, le tout trois cens soixante escus. Douze aulnes de veloux sur veloux cramoisi pour une autre robe pour ladicte dame, à xiiii escus l'aune, valent viii^{xx} viii escus. Pour cinq manteaulx de costez de martres pour fourrer la robe de ladicte dame, à xxv escus le manteau, valent vi ^{xx}x escus. Pour cinquante doz de martres sebelines bien noires pour faire les gets de ladicte robe, à deux escus demi le doz, valent vi^{xx}v escus. Pour quatres martres sebelines bien noires pour faire les colet et poignetz de ladicte robe, xx escus. Pour douze aulnes de veloux plain, pour faire une autre robe pour ladicte dame, à vi escus l'aune, valent lxxii escus. Pour seize cens de fin gris à dix tires pour fourrer ladicte robe, lxiiii escus. Pour cent cinquante de fin gris en boete, pour faire les paremens de ladicte robe, xv escus. Pour quatre pièces bien fines toilles d'atour et six tessus de plusieurs sortes pour ladicte dame, ii^{c} xxxiii escus. Lesquelles parties font ensemble la somme de deux mille cent quatre vins deux escus touraus, qui valent ladicte somme de iii^{m} l. t., laquelle somme le Roy veult estre paiée audit de Mazoran pour ladicte cause par ledit tresorier, et icelle estre emploiée en la despence de ses comptes et rabatue de sa recepte, en rapportant la quictance dudit Mazoran, avec certificacion ou quictance de ladicte dame, par laquelle elle confesse avoir receu les denrées dessus dictes montant ladicte somme. Pour ce, ycy. iii^{m} l. t.

A Lyon Caillat, marchant suivant la court dudit seigneur, la somme de IIᵐCCIX l. VIII s. IX d. t., qui deue lui estoit par ledit seigneur pour plusieurs draps de soye et de layne et autres choses cy après declairées que ledit seigneur a fait prandre ou achapter de lui, à plusieurs et diverses foiz, entre le premier jour de juing M CCCC XLVIII et le derrenier jour de decembre ensuivant oudit an. Lesquelz il a donnez et fait distribuer en la manière qui s'ensuit. C'est assavoir : Pour dix aulnes de veloux sur veloux cramoisi vermeil et dix aulnes de veloux sur veloux gris, donnez par ledit seigneur au conte de Blancnen, lequel estoit venu devers ledit seigneur oudit mois de juing, le tout, IIIᶜXXX l. t. Pour huit aulnes veloux noir, de lui achapté LXVI l. t., donné par ledit seigneur à messire Verney de Ompnel, chevalier, estant avecques ledit conte. Pour huit aulnes damas, donné par ledit seigneur à ung gentilhomme nommé Girard le Pannetier, serviteur de l'evesque de Liège, lequel estoit venu devers ledit seigneur avecques ledit conte, LX l. X s. Pour VIII aulnes autre damas, donné par ledit seigneur à Jehan de Saumain, estant avecques ledit conte, LX l. X s. t. Pour douze aulnes veloux noir, donné par ledit seigneur à ma dame de la Roche-Guion, pour une robe, IIIIˣˣ XIX l. t. Pour XXIIII aunes de veloux sur veloux, c'est assavoir : XII aulnes de cramoisi et XII de noir, à XIX l. V s. t. l'aune de cramoisi, et XIII l. XV s. t. l'aune de noir, valent IIIᶜIIIIˣˣXVI l. t., donnez lesdiz veloux par ledit seigneur à deux chevaliers du païs de Hausteriche, nommez messire Perceval Anicevergue et messire Helienart Weillericart, lesquelz estoient venuz devers le Roy au mois d'aoust ensuivant M CCCC XLVIII pour le traictié du mariaige de ma dame Helienor d'Escosse. Pour vingt aulnes de veloux sur veloux cramoisi, à XIX l. V s. t. l'aune, valent IIIᶜIIIIˣˣV l. t., ledit veloux donné par ledit seigneur à monseigneur de Saveuse, lequel estoit venu devers lui, ou mois d'octobre ensuivant. Pour douze aulnes damas cramoisi, donnez par le Roy à Michiel de Partenay, escuier, seneschal de Renes, pour une robe à sa femme, lequel estoit venu devers le Roy de par le duc de Bretaigne, ou mois de decembre ensuivant, VIˣˣXII l. t. Pour huit aulnes satin, donné par ledit seigneur à ung poursuivant nommé Renes, lequel estoit venu avecques ledit seneschal de Renes, XXVIII l. XVII s. VI d. t. Pour neuf aulnes veloux cramoisi, donné par ledit seigneur pour une longue robe au chancellier d'Escoce[1], lequel estoit venu en ambaxade devers ledit seigneur de par le Roy d'Escoce, oudit mois de decembre, à XIII l. XV s. t. l'aune, valent VI^xx III l. XV s. t. Pour une aulne fin noir, pour lui faire ung chapperon, VI l. XVII s. VI d. Pour deux manteaulx doz et deux manteaulx costez de martres de païs, donnez par ledit seigneur audit chancellier pour fourrer sadicte robe, II^c VI l. V s. t. Pour sept quartiers damas noir et II aunes satin cramoisi vermeil, semblablement donné audit chancellier par ledit seigneur pour lui faire deux pourpoins, XXVIII l. XIII s. IX d. t. Pour six aulnes veloux sur veloux cramoisi, donné par ledit seigneur, pour une robe, au seigneur de Crinenston[2], à XIX l. V s. t. l'aune, valent CXV l. X s. Pour II aunes veloux plain, à lui semblablement donné pour ung pourpoint XVI l. X s. t. Pour deux aulnes damas cramoisi à lui semblablement donné par ledit seigneur pour lui faire ung pourpoint, XXII l. t. Pour VIII aunes damas, pour faire une robe et ung pourpoint, donné par ledit seigneur au seigneur de Cramillar estant avecques ledit chancelier, LX l. X s. t. Pour deux aulnes damas cramoisi pour lui faire ung pourpoint, à lui semblablement donné, XXII l. t. Et pour quatre aulnes escarlate données par ledit seigneur à maistre Nicole Haustrebron[3], secretaire du Roy d'Escoce, estant avecques ledit chancellier, XLIX l. X s. t. Et font ensemble toutes les parties dessus dictes ladicte somme de II^m CC. IX l. VIII s. IX d. t., laquelle le Roy veult estre paiée audit Caillat pour les causes dessus dictes par ledit tresorier, et icelle estre emploiée en la despence de ses comptes et rabatue de sa recepte, en rapportant la quictance dudit Caillat avec ce present roole tant seulement, nonobstant qu'il n'appaire de l'achapt ne du pris desdiz draps, fors ainsi que dessus de la recepcion et distribucion d'iceulx, et sans ce que ledit tresorier soit tenu en rapporter quictance ne certifficacion des dessusdiz, ne en enseigner autrement. Pour ce, cy. . II^m II^c IX l. VIII s. IX d. t.

A Balsarin de Trez, marchant armurier, la somme de VII^c VI l. X s. t., à lui deue par le Roy nostre dit seigneur pour vingt-

1. William, seigneur de Crethcorn.
2. C'est le même.
3. Nicolas de Stirbury.

deux harnoiz completz à armer, de lui achaptez, et donnez par ledit seigneur entre ledit premier jour de juing et le derrenier jour de decembre M CCCC XLVIII, lesquelz harnoiz ledit seigneur a donnez et fait distribuer en la manière qui s'ensuit. C'est assavoir : A Jehan de Nysvenem, escuier du païs d'Almaigne, ung harnois complet. A Richart Fautaiel et Herbert à Morray, hommes d'armes Escoçois, II harnoiz completz. A Pierre de Thoze, homme d'armes de la nacion d'Espaigne, estant de la garnison de Grantville, ung harnois complet. A Joachim Rouault, cappitaine de gens d'armes et de trait, quatre harnoiz completz pour IIII hommes d'armes de sa charge. A Jehan de Hetre, ung harnois complet. A ung homme d'armes nommé Donot Matassellin, Escoçois, ung harnois complet. A ung homme d'armes Alement du païs de Saxonne, ung harnois complet. A Charles de la Faiete, escuier de l'ostel dudit seigneur, ung harnois complet. A Pierre de Ycourt, homme d'armes, ung harnois complet. Au chancelier et autres ambaxeurs d'Escoce, que le Roy leur a donné, neuf harnoiz completz. Valent lesdiz XXII harnoiz, à XXXV l. XV s. t. chascun, ladicte somme de VII^{c} IIII^{xx} VI l. X s. t., laquelle somme le Roy nostre dit seigneur veult estre payée par ledit tresorier audit Balsarin, par sa quictance seulement, avec ce present roole, non obstant qu'il n'appaire de la recepcion desdiz harnoiz, sanz que ledit tresorier soit tenu en enseigner autrement que par ce present roole seulement. Pour ce, cy. . . . . VII^{c} IIII^{xx} VI l. X s. t.

A lui, la somme de LXXII l. XVII s. VI d. t., à lui deue par ledit seigneur pour autres parties de harnoiz qu'il a fait de lui prandre et achapter, et donner en la manière qui s'ensuit. C'est assavoir : A monseigneur de Montgascon, ung harnois complet à mesure, du pris de LV l. t.; une salade et ung harnois de jambes du pris de XI l. t., donné par ledit seigneur à un Alement, crannequinier de sa garde, nommé Dimeric ; et VI l. XVII s. VI d. t., pour ung harnois de jambes donné par ledit seigneur à ung autre Alement, aussi crannequinier de sa garde, nommé Thildric, laquelle somme de LXXII l. XVII s. VI d. t. ledit seigneur veult estre paiée audit Balsarin par ledit tresorier par sa quictance et ce present roole, sans ce qu'il soit tenu autrement en enseigner. Pour ce, ycy. . . . . LXX l. XVII s. VI d. t.

Audit Balsarin, la somme de II^{c} VI l. V s. t., à lui deue par ledit seigneur pour xv brigandines communes pour archiers, que ledit seigneur a fait prandre et achapter de lui, et icelles données et fait distribuer en la manière qui s'ensuit. C'est assavoir : A Robinet Guillaume et Rogier le Vasseur, varletz de porte de l'ostel dudit seigneur, à chascun unes brigandines. A Pierre Bouquier, unes brigandines. A ung Alement nommé Thildric, crannequinier de la garde, unes brigandines. A Hanse Dimeric, aussi Alement; crannequinier de la garde, unes brigandines. Au chancelier et autres ambaxeurs d'Escoce, dix brigandines. Valent lesdictes xv brigandines, au feur de XIII l. xv s. t. la pièce, ladicte somme de II^c VI l. v s. t., laquelle ledit seigneur veult estre paiée audit Balsarin par ledit tresorier, sans ce qu'il soit tenu enseigner de l'achapt et distribucion desdictes brigandines autrement que par ce present roole, avecques la quictance dudit Balsarin tant seulement. Pour ce, cy. II^c VI l. v s. t.

A Guillaume Hagues, marchant du païs d'Alemaigne, pour une haquenée de poil grise, que ledit seigneur a fait prandre et achapter de lui ou mois de juing M CCCC XLVIII, et icelle a donnée à monseigneur de Varambon, du pris de IIII^xx XVI l. v s. t.; laquelle somme le Roy nostre dit seigneur veult lui estre paiée par ledit tresorier, en rapportant sa quictance avecques ce present roole, sans ce qu'il soit tenu en bailler quictance dudit seigneur de Varambon ne autre certifficacion. Pour ce, cy. . . . . . IIII^xx XVI l. v s. t.

A Nicolo de Piere, marchant de Fleurance, la somme de II^m IIII^c LXXV l. t., à lui deue par le Roy nostre dit seigneur, pour deux draps d'or faiz sur veloux sur veloux cramoisi, qu'il a fait prandre et achapter de lui ou mois de decembre mil CCCC XLVIII, et iceulx a donnez à ma dame Helienor d'Escoce, duchesse de Haustreriche, c'est assavoir : l'un et le plus legier pour couvrir ung chariot, faire carreaulx et autres choses à elle neccessaires pour son partement à aler en Haustreriche; l'autre, le plus riche, pour emporter avecques elle, pour faire robes et autres habillemens pour elle, à son plaisir; contenant lesdiz draps : le plus riche, vingt et une aulnes à IIII^xx II l. x s. t. l'aune; l'autre, dix-huit aulnes à XLI l. v s. t. l'aune, valent ladicte somme. De laquelle somme ledit Nicolo de Piere n'a cedule, lettre ne enseignement dudit seigneur, et veult le Roy nostre dit seigneur ladicte somme estre paiée audit Nicolo par ledit tresorier, en rapportant seulement sa quictance avec certifficacion de ladicte dame d'avoir reçeu lesdiz drapz, non obstant qu'il n'appaire de l'achapt d'iceulx autrement que par ce present roole. Pour ce. II^m IIII^c LXXV l. t.

A Pierre Jobert, marchant, la somme de II^c XXII l. x s. t., en laquelle ledit seigneur lui estoit tenu pour les parties qui s'ensuivent, qu'il a fait prandre et achapter de lui et icelles données et distribuées en la manière qui s'ensuit. C'est assavoir : Dix aulnes de taffetas renforcé de flourance, à IIII l. II s. VI d. t. l'aune, valent XLI l. V s. t., donné ledit taffetas pour une couverture de chariot à ma dame Helienor d'Escosse. Pour vingt-huit aulnes fin drap vermeil de Rouen, donné à ladicte dame pour faire deux doubleures de couverture de chariot du prix de C s. t. l'aune, valent VII^xx l. t. Et pour six aulnes de satin figuré noir, à VI l. XVII s. VI d. t. l'aune, valent XLI l. V s. t., donné ledit satin figuré à deux gentilz hommes de l'ostel de madicte dame pour leur faire pourpoins. Font lesdictes parties ladicte somme de II^c XXII l X s. t., laquelle ledit seigneur veult estre paiée audit Jobert par ledit tresorier, en rapportant sa quictance avec ce present roole pour tout acquit tant seulement. Pour ce cy. . . . . II^c XXII l. X s. t.

Audit Jobert, la somme de VIII^c LVI l. XII s. VI d. t., en laquelle ledit seigneur lui est tenu pour les parties qui s'ensuivent, qu'il a fait prandre et achapter de lui, et icelles données en la manière cy après declairée. C'est assavoir : Pour douze aulnes de veloux sur veloux blanc, à XIII l. XV s. t. l'aune, valent VIII^xx l. V s. t., donné ledit veloux au grant commandeur de Hausteriche. Pour huit aulnes damas cramoisi et huit aulnes satin cramoisi, donné par ledit seigneur pour deux robes à Hance Becquelet, escuier du païs de Hausteriche, estant avec ledit commandeur, à XI l. t. l'aune dudit damas cramoisi, et VII l. XI s. III d. t. l'aune dudit satin cramoisi, valent VII^xx VIII l. X s. t. Pour deux cens doz de martre de païs, VII^xx XVII l. X s. t., données lesdictes martres audit Hance pour la fourreure d'une robe. Pour dix aulnes autre damas à VII l. XI s. III d. t. l'aune, et deux cens doz de martres de païs à LXVIII l. X s. t. le cent desdictes martres, donné à Hance de Frambricquet, escuier d'escuierie de la Royne, pour une robe pour aler acompaigner oudit voiaige madicte dame de Hausteriche, valent IIᶜ XIII l. II s. VI d. t. Et pour trois aulnes demie drap d'or sur veloux cramoisy, donné à madicte dame Helienor d'Escoce pour faire carreaulx de parement pour elle, à LV l. t. l'aune, valent IXˣˣ XII l. X s. t. Lesquelles parties montent ensemble ladicte somme, laquelle le Roy veult estre paiée par ledit tresorier audit Jobert, en rapportant sa quictance avec cedit roole, sans estre tenu en rapporter quictance ne certifficacion des dessusdiz, ne autrement en enseigner que dit est. Pour ce. . VIIIᶜ LVI l. XII s. VI d. t.

A Gilebert Jehan, orfevre du Roy, la somme de Vᶜ LVI l. XVII s. V d. t., à lui deue par ledit seigneur pour les parties qui s'ensuivent, que ledit seigneur a fait prandre et achapter de lui. C'est assavoir : Pour une couppe d'or poisant IIIIᵐ IIIIᵒ, à XXII karatz le marc, valent IIᶜ IIIIˣˣ VIII escus; et pour la façon, dechet et esmailleure, à VI escus pour marc, valent XXVII escus; qui est pour tout IIIᶜ XV escus, valent IIIIᶜ XXXIII l. II s. VI d. t.; laquelle couppe ledit seigneur a donnée au grant commandeur de Hausteriche, quant il partit de devers ledit seigneur pour aler mener ma dame de Hausteriche en Hausteriche. Et pour six tasses d'argent vezées et martellées, pesant XIIᵐ, que ledit seigneur a données à Hance Becquelet, escuier de Hausteriche, estant avecques ledit commandeur, à VII escus demy le marc, valent IIIIˣˣ X escus. Pour ce, VIˣˣ III l. XV s.t., laquelle somme le Roy a voulu estre paiée audit Gillbert Jehan par ledit tresorier, en rapportant sa quictance avecques ledit roole, sans estre tenu en rapporter quictance ne certifficacion desdiz commandeur et Hance, ne autrement en enseigner. Pour ce. . . . . Vᶜ LVI l. XVII s. VI d. t.

A Jaques Cuer, conseillier du Roy, la somme de IIIᶜ XII l. t., qui deue lui estoit pour le parfait de la somme de VIIIᶜ XII l. qu'il avoit prestée et deppendue à faire la poursuite de certains larrons qui avoient desrobé aucuns des clercs de maistre Estienne Petit, tresorier general de Languedoc, et leur avoient osté la somme de quinze cens escus d'or qu'ilz apportoient de l'argent de sa recepte, lesquelz par le moïen de ladicte poursuite ont esté recouvrez. De laquelle somme de VIIIᶜ XII l. ledit seigneur a fait paier audit Jaques Cuer la somme de IIIIᶜ l. t. sur l'aide passé, et veult pour ladicte cause le parfait de ladicte somme lui estre paiée par ledit tresorier, et icelle estre allouée en ses comptes, non obstant qu'il n'appaire de la poursuite ne des despences, fors par ce present roole. Pour ce, cy. . . . . IIIIc XII l. t.

Audit Jacques Cuer, la somme de IIIm l. t. sur la somme de VIm l. t., en laquelle le Roy nostre dit seigneur lui estoit tenu par appoinctement et composicion faicte avecques lui, tant pour le parfait de IIIm brigandines delivrées par l'ordonnance et commandement dudit seigneur à ses archiers estant à sa soulde logez par les païs, comme pour le recompenser du pris qui lui en avoit esté fait trop petit, et aussi pour avoir avancé l'argent desdictes IIIm brigandines. Laquelle somme icellui seigneur a voulu estre paiée audit Jacques Cuer par ledit tresorier par ce roole et sa quictance seulement, sans estre tenu en rapporter autre lettre ne enseignement, et non obstant qu'il n'appaire de l'achapt et distribucion desdictes brigandines. Pour ce cy, pour la moitié desdictes VIm l. t., la somme de. . . . . IIIm l. t.

A......, auquel le Roy a fait marchander de parachever la sepulture de monseigneur le duc de Berry, la somme de VIc l. t. pour partie de ce que coustera ladicte sepulture, oultre VIc l. t. qui pour ceste cause ont esté paiez sur l'aide precedent, et derrenièrement mis sus en Languedoc. C'est assavoir : IIIc l. t. aux heritiers de feu Jehan de Cambray, en son vivant varlet de chambre et ymagier dudit feu monseigneur de Berry, qui deue lui estoit pour l'imaige d'albastre de ladicte sepulture qu'ilz avoient d'entre eulx ; et IIIc l. audit.... pour cette mesme cause. Laquelle somme de VIc l. t., ledit seigneur veult estre paiée et baillée audit....... par ledit tresorier, et icelle estre allouée sur la despense de ses comptes et rabattue de sa recepte, en rapportant la quictance dudit...... tant seulement. Pour ce. . . . . VIc l. t.

A Guillaume Hagues, marchant du païs d'Alemaigne, la somme de IIm c XXV l. t., en laquelle le Roy nostre dit seigneur lui estoit tenu pour six grans chevaulx du païs d'Alemaigne que ledit seigneur avoit fait prandre et achapter de lui et iceulx fait mettre en son escuierie, laquelle somme le Roy veult estre paiée audit Guillaume Hagues par ledit tresorier par sa quictance et ce present roole tant seulement, et icelle estre allouée en la despence de ses comptes et rabattue de sa recepte, sans ce qu'il soit tenu autrement enseigner de la reception et despence desdiz chevaulx. Pour ce, cy. . . , ... IIm c XXV l. t.

A Guillaume de Varye, la somme de v^{c} l. t. pour partie de la somme de XIII^{c} IIII^{xx} XVIII l. XVIII s. II d. en laquelle le Roy estoit tenu à son feu père, comme lui est apparu par plusieurs lettres, mandemens et autres enseignemens; laquelle somme de v^{c} l. t., oultre aultres v^{c} l. t. qui lui ont esté paiez pour ceste cause sur l'aide derrenier mis sus en Languedoc precedant cestui, ledit seigneur veult lui estre paiée par ledit tresorier, et icelle estre allouée en la despence de ses comptes et rabatue de sa recepte partout où il appartenra, en rapportant *vidimus* desdictes lettres et enseignement et quictance dudit de Varie; et aussy parmy ce que sur lesdictes lettres sera escript, par ung des secretaires du Roy, ladicte somme de v^{c} l. t. avoir esté paiée sur ledit debte, oultre lesdictes v^{c} l. t. premiers; de laquelle suscripcion apportera pareillement ledit tresorier certifficacion dudit secretaire en la chambre des comptes. Pour ce, icy. . . . . v^{c} l. t.

. . . . II^{c} XXIX l. V s.

Deniers baillez comptant au Roy.

Au Roy comptant, qui lui fut baillé par ledit Jaques Cuer dès son derrenier partement de Bourges, pour faire ses plaisirs et voulentez, en II^{c} escus d'or. . . . II^{c} LXV l. t.

Plus audit seigneur comptant, pour faire comme dessus, en II^{m} escus courans. . . . . II^{m} VII^{c} L l. t.

Item, plus audit seigneur comptant, qui lui a esté baillé à plusieurs et diverses foiz, au long de l'année passée, pour faire ses plaisirs et voulentez. . . . . v^{m} l. t.

Gaiges d'officiers et gardes de places.

A Helion le Groing, cappitaine de Lestoure, pour ses gaiges à cause de la garde de ladicte place. . . . II^{c} l. t.

A monseigneur de Rez, admiral de France, cappitaine de la Reole, pour ses gaiges de la garde de ladicte place, pour l'année finie le derrenier jour de decembre mil CCCC XLIX, oultre M frans qu'il prant sur le demaine de Tholouse. III^{m} l. t.

A maistre Estienne Petit, tresorier general de Languedoc, pour ses gaiges de lever ce present aide. . . . M l. t.

A monseigneur le chancelier de France, sur les gaiges dudit office. . . . . II^{c} L l. t.

A Jaques Cuer, cappitaine du chastel de Lyon, pour la garde de ladicte place. . . . . II^c l. t.

A Otto Castellain, commis à paier les IX frans pour lances de IIII^xx X lances logez en Gascoigne, pour ses gaiges de l'année passée. . . . . III^c l. t.

A maistre Jehan le Maire, procureur du Roy nostre sire en son grant conseil, sur VI^c l. t. qui lui estoient deues de ses gaiges oudit office pour les deux années precedentes et derrenièrement passées. . . . . IIII^c l. t.

Pensions.

A monseigneur de Foix, pour sa pension de ceste presente année, commençant en janvier M CCCC XLIX. VI^m l. t.

A monseigneur de Lautrech, pour semblable. XII^c l. t.

A monseigneur de Lebret, pour semblable. . IIII^m l. t.

A monseigneur de Dunois pour semblable. II^m VII^c L l. t.

A monseigneur l'evesque de Maillezais, conseillier du Roy, pour sa pension de l'année passée, pour ce que en Languedoil il n'y ot lieu où il peust estre appoinctié. VI^c l.t.

A maistre Guillaume Cousinot, conseillier et maistre des requestes de l'ostel du Roy, pour sa pension de ladicte année passée, pour ce aussi qu'il n'y avoit lieu en Languedoil où l'assigner. . . . . VI^c l. t.

A Estienne Seguier, appoticaire du Roy, pour sa pension de l'année passée. . . . . II^c l. t.

A monseigneur de la Varenne, seneschal de Poictou, pour partie de sa pension de ceste presente année, II^m l. t. . . . II^m III^c L l.

Dons et recompensacions.

A messire Robert d'Estouteville, chevalier, conseillier et chambellan du Roy nostre sire, prevost de Paris, que le Roy lui a donné pour lui aidier à soy entretenir ou service dudit seigneur. . . . . II^c LXXV l. t.

A madame de la Varenne, que le Roy lui a donné l'année passée pour lui aidier à supporter sa despence et pour ses necessitez. . . . . XIIII^c XII l. X s. t.

A Jehan de Beauvau, que ledit seigneur lui a donné en C escus. . . . . VI^xx XVII l. X s. t.

A Jehan de Lizac, huissier d'armes du Roy, que ledit seigneur lui a donné pour avoir habillemens le jour de ses nopces. . . . . c l. t.

A madame de Gaucourt, que le Roy lui a donné pour lui aidier à supporter la despence que faire lui a convenue ou voiage qu'elle a fait en Hausteriche pour accompaigner madame Helienor d'Escoce. . . . . vi^xx xvii l. x s. t.

A Geoffroy de Saint-Belin, tant pour don à lui fait par ledit seigneur, que pour le recompenser de la somme de v^c l l. t. qui disoit à lui pieça estre deue par le Roy, sur laquelle lui avoit esté paié ii^c vi l. t. v s. t., et le reste, montant iii^c xliii l. xv s. t., veult le Roy nostre dit seigneur lui estre par ledit tresorier paiée et allouée en ses comptes, en rapportant seulement ce present roole avecques la quictance dudit de Saint-Belin de toute la somme desdics v^c l l t. tant seulement. Pour ce, cy. . . . iii^c xliii l. xv s. t.

A Thomas Spens, arcediacre de Mon Re en Escoce, que le Roy lui a donné en recompense de certains voiaiges qu'il avoit faiz par ledit seigneur. . . . . cl l. t.

A maistre Oger de Bresquit, juge de Marsant, conseillier du Roy, pour don à lui fait par le Roy, oultre c l. t. à lui donnez par ledit seigneur sur l'aide derrenièrement mis sus en Languedoc. . . . . c l. t.

A monseigneur le duc d'Alençon, tant pour don que pour le recompenser de semblable somme qui assignée lui avoit esté sur le tresor, dont lui avoit esté levée descharge, la somme de viii^c l l. t., laquelle, pour ce que paié n'en il peu estre, veult le Roy nostre dit seigneur lui estre cy paiée par ledit tresorier, en rapportant sa quictance avec ladicte descharge. Pour ce, cy. . . . . viii^c l l. t.

A Nicole Chambre, cappitaine des gens de la garde du Roy nostre sire, la somme de v^c l. t., que ledit seigneur lui a donnée pour lui aider à mettre honnestement en point de robes et habillemens sa femme, pour aler acompaigner madame Helienor d'Escoce en Hausteriche. Pour ce. v^c l. t.

A madame Helienor d'Escosse, duchesse de Hausteriche, la somme de iii^m iii^c francs, que ledit seigneur lui a donnée et ordonnée estre baillée pour icelle faire convertir à son plaisir par ses gens et officiers en plusieurs choses qui lui estoient neccessaires pour son partement à aler en Hausteriche, tant en fait d'escuierie, argenterie, que en autres ses neccessitez. Laquelle somme ledit seigneur a voulu estre paiée à ladicte dame par sa quictance en ce present roole seulement, sans ce que ledit tresorier soit tenu en apporter quictance ou certifficacion des officiers de madicte dame ou d'aultres, et qu'il n'appaire de l'achapt et distribucion que ladicte dame en a fait faire. Pour ce, cy. . III^{m} III^{c} frans.

A monseigneur de Rez, admiral de France, que le Roy lui a donné et ordonné estre paié par ledit tresorier, pour convertir en harnois et brigandines pour certain nombre de gens de sa charge estans en garnison à Grantville. V^{c} L l. t.

A maistre Jehan Dauvet, procureur general du Roy en sa court du Parlement, que ledit seigneur lui a donné pour une robe à sa femme . . . . .CXV l. X s. t.

A Jehanne Filleul, damoiselle de la Royne, que le Roy lui a donné pour lui aider à avoir robes et soy mettre en point pour aler acompaigner madame Helienor d'Escoce en Haustериche . . . . II^{c} l. t.

A messire Tanguy du Chastel, pour don à lui fait par le Roy pour lui aidier à supporter la despence que faire lui convient en Languedoc . . . . III^{m} l. t.

Aux commissaires qui ont esté par le Roy à requerir ce present aide, à departir entre eulx, par l'ordonnance de l'evesque de Carcassonne et de l'argentier . . . II^{m} l.

Aux secretaires du Roy qui servent audit païs de Languedoc, pour leur aidier à supporter les fraiz qu'il leur convient faire, et deppartir entre eulx par l'ordonnance desdiz evesque et argentier . . . . III^{c} l. t.

A aucuns prelatz, seigneurs et autres de Languedoc qui ont tenu la main à l'octroy de ce present aide, à deppartir entre eulx par l'ordonnance desdiz evesque de Carcassonne et argentier. . . . . II^{m} l. t.

A messire Thierry le Conte, chevalier, gouverneur de Montpeslier, que ledit seigneur lui a donné pour entretenir son estat . . . . II^{c} l. t.

A maistre Jehan Majoris, confesseur de monseigneur le Daulphin, pour don à lui fait par le Roy. . . . C l. t.

A monseigneur le chancelier de France, pour don à lui fait par le Roy pour ses estrennes de l'année passée. II^{c} l. t.

A Poton, seigneur de Xanterailles, la somme de V^{c} IIII^{xx} XIIII l. t., que le Roy lui a donnée pour se acquiter envers Balsarin de Trez, armurier, pour XVI harnois de guerre pieça de lui prins, et achaptez par ledit Poton. Pour ce, cy . . . . v^{c} IIII^{xx} XIIII l. t.

A monseigneur le conte de Tancarville, pour don à lui fait par le Roy pour lui aidier à supporter sa despence . . IX^{c} LXII l. x s. t.

A Galias Gambe, cappitaine de gens d'armes et de trait, pour don à lui fait par le Roy. . . . . II^{c} l. t.

A monseignenr le viconte de Lomaigne, pour don à lui fait par le Roy pour lui aidier à supporter sa despence. . . . . II^{c} l. t.

A madame de Monteil, pour semblable cause . VI^{c} l. t.

A monseigneur le conte de Dampmartin semblablement. . . . . IIII^{c} l. t.

A monseigneur le conte de Cleremont, pour don pour lui aidier à supporter sa despence et soy entretenir ou service du Roy . . . . II^{m} l. t.

A messire Robinet d'Estampes, pour don à lui fait par le Roy. . . . . II^{c} l. t.

A Marie de Belleville, que le Roy lui a donné pour avoir robes et autres habillemens pour elle et pour lui aidier à supporter sa despence de l'année passée . . . VI^{c} l. t.

A Poton, seigneur de Santerailles, que ledit seigneur lui a donné pour ladicte année passée, en recompensacion de la tour de Bourges . . . . v^{c} l. t.

A Carles de Castillon, pour partie de M l. t. que le Roy luy a donnée en recompensacion de l'office de visiteur general des gabelles de Languedoc, à icelle somme lui estre paiée en cinq années, dont il a eu l'année passée II^{c} l. t., et ceste presente année II^{c} l. t. Pour ce. . . . II^{c} l. t.

A messire Jehan de Jambes, pour don à lui fait par ledit seigneur . . . . VI^{c} l. t.

A Jehan de la Grange, escuier, varlet de chambre du Roy, pour don à lui fait par ledit seigneur pour lui aidier à soy entretenir en son service . . . . II^{c} l. t.

A Balsarin de Trez, armurier, la somme de C l. t., laquelle ledit seigneur a donnée et ordonnée estre baillée par lui à deux maistres ouvriers de brigandines, qui ont levé leurs ouvrouers, l'un à Tours et l'autre à Bourges, l'année passée. Pour ce . . . . C l. t.

A monseigneur de Culant, que le Roy lui a donné et fait bailler comptant pour lui aidier à mettre en point certains archiers que ledit seigneur lui a fait prandre en sa compaignie . . . . II^c l. t.

A monseigneur de Montgascon, pour don à lui fait par le Roy. . . . . III^c XII l. X s. t.

A Robin Petit Lo, cappitaine de gens d'armes et de trait, pour don à lui fait par le Roy pour lui aidier à remettre sus et en point certains hommes d'armes de sa charge, ausquelz leur chevaulx et harnoiz avoient esté bruslez. . . . . IIII^c l. t.

A Guillaume Wastequere et Ysabeau de Hettre, femmes de chambre de la Royne, pour don à elles fait par ledit seigneur . . . . LV l. t.

A Francisco Bargy, qui amena au Roy de par monseigneur le Daulphin le premier jour de janvier mil CCCC XLVIII, ung liepart, pour don à lui fait par ledit seigneur en XXXIII escus. . . . . XLIIII l. VII s. VI d.

A Parseval Pelourde, varlet de chambre du Roy, que ledit seigneur lui a donné et fait bailler comptant pour aler de par lui, partant de Tours, ou Daulphiné, porter les estrennes à monseigneur le Daulphin dudit premier jour de janvier M CCCC XLVIII. . . . . XLI l. V s. t.

A Jehanne Chevalière, femme du portier du chastel des Montilz-lez-Tours, pour don à elle fait par ledit seigneur pour une robe, en X escus. . . . . XIII l. XV s. t.

A monseigneur de Precigny, que ledit seigneur lui a donné pour entretenir sa despence. . . . . II^m l. t.

Au marquis de Final, que le Roy lui a donné et fait bailler comptant pour lui aider à entretenir son fait et estat II^m VII^c L l. t.

A André Sourdat, tresorier de monseigneur de Lebret, pour don à lui fait par le Roy. . . . . . . II^c l. t.

A Merigon de Castillon, pour semblable cause. II C l. t.

A Jehan de Brie, pour semblable. . . . . C l. t.

A Boniface de Valpargue, pour don à lui fait par le Roy. . . . . II^c l. t.

A James Boyer, marchant du Puy, pour don à lui fait par le Roy, pour le recompenser du dommaige qu'il avoit eu en certaines bagues que par l'ordonnance du Roy il avoit apportées l'année passée, au premier jour de l'an, lesquelles ledit seigneur n'avoit pas achaptées. . . II^c LXXV l. t.

A Jaques Layen, lequel estoit venu en ambaxade à Tours,

ou mois de fevrier l'année passée, de par la ville d'Ast, que ledit seigneur lui a donné pour se deffraier, en L escus. . . . . LXVIII l. XV s. t.

A messire Humbert de Beauvoir, chevalier de Rodes, que ledit seigneur a donné, pour ce qu'il l'avoit fait chevalier, pour son passaige à aler en Rodes . . . . . c l. t.

A Guillaume de Courcelles, que ledit seigneur lui a donné pour lui aidier à supporter sa despence, en III^c escus IIII^c XII l. X s. t.

A Jaques Cuer, conseillier du Roy, que ledit seigneur lui a donné pour lui aidier à supporter les grans fraiz et despences que faire lui convint, tant par terre que par mer, au voiage qu'il fist l'année passée à Rome pour ledit seigneur devers nostre Saint Père, la somme de V^m l. t., oultre aultres sommes à lui par ledit seigneur pour ce fait données. Pour ce. . . . . V^m l. t.

. . . . XXVII^m V^c LI l. VII s. VI d.

Voiages et chevauchées.

A Guillaume de Varye, contrerolleur de la recepte generale de Languedoc, pour ses voiages et chevauchées, à cause dudit office, de l'année finie le derrenier jour d'aoust mil CCCC XLIX derrenier passé. . . . . IIII^c l. t.

A Jaques Cuer, pour plusieurs voiages et chevauchées qu'il a faitz par l'ordonnance du Roy, dudit païs de Languedoc devers ledit seigneur et de devers icellui seigneur ou païs de Languedoc, et ailleurs par ledit païs de Languedoc, où besoing a esté. . . . . II^m l. t.

Pour voiages et chevauchées neccessaires estre faictes oudit païs de Languedoc pour le fait du Roy, lesquelles seront tauxées, tant par les generaulx des finances que par maistre Estienne Petit, tresorier general de Languedoc. . M l. t.

A monseigneur l'evesque de Carcassonne, general de France, pour ses voiages et chevauchées de ladicte année finie le derrenier jour d'aoust mil CCCC quarante neuf II^m l. t.

A monseigneur l'arcevesque de Reims, conseiller du Roy, la somme de II^m l. t., pour partie du voiage qu'il fist l'année passée devers notre Saint Père à Romme, en ambaxade de par le Roy, en laquelle estoient lui, l'evesque d'Aleth, messire Tanguy du Chastel, Jaques Cuer, et autres cy après declairez. Pour ce. . . . . ii^m l. t.

A monseigneur l'evesque d'Aleth, conseillier du Roy, pour semblable cause, pour ledit voiage. . . . . vii^c l. t.

A messire Tanguy du Chastel, chevalier, conseillier et chambellan du Roy nostre sire, que ledit seigneur lui a donné pour ledit voiage.. . . . . ii^m l. t.

A Jaques Cuer, conseillier et argentier du Roy que le dit seigneur lui a semblablement donné sur sondit voiage. ii^m l. t.

A maistre Guy Bernard, conseillier et maistre des requestes de l'ostel du Roy nostre dit seigneur, que ledit seigneur lui a donné pour ledit voiage. . . . . iii^c l. t.

A maistre Thomas de Courcelles, pour semblable cause pour ledit voiage. . . . . ii^c l. t.

A maistre Jehan Joguet, secretaire du Roy nostre dit seigneur, que ledit seigneur lui a ordonné pour ledit voiage ii^c l. t.

A maistre Jehan Thierry, aussi secretaire dudit seigneur, pour semblable cause. . . . . c l. t.

A Berry le herault, pour son voiage d'avoir esté en ambaxade avec messeigneurs dessusdiz. . . . . . c l. t.

A messire Martin Sernez, chevalier, que ledit seigneur lui a ordonné pour avoir esté en ladicte ambaxade. Pour ce. . . . . vi^c l. t.

A Barangon Baudoin et ung poursuivant nommé Jehan le Gay, lesquelz furent envoiez de par mesdis seigneurs de l'ambaxade devers le Roy d'Arragon à Napples, lui notiffier de par le Roy aucunes choses touchant le fait de ladicte ambaxade. . . . . c l. t.

A Jehan Cosse, pour semblable cause, pour ledit voiage de Romme. . . . . iii^c l. t.

A monseigneur le conte de Dunois, que le Roy lui a ordonné pour son voiage qu'il fist en Savoye pour la paciffication de l'Eglise, l'année passée. . . . . m l. t.

A Jaques Cuer, conseillier du Roy, que ledit seigneur lui a semblablement ordonné sur ledit voiage qu'il fist en la compaignie de mondit seigneur de Dunois. . . . v^c l. t.

A monseigneur l'arcevesque de Reims, conseillier du Roy, que ledit seigneur lui a ordonné sur le voiage qu'il fist l'année passée, tant en Savoie que de Savoie devers nostre Saint Père à Romme, pour la paciffication de l'Eglise. xv^c l. t.

A monseigneur l'evesque d'Aleth, pour semblable cause vi^c l. t.

A messire Jehan le Boursier, chevallier, conseillier et chambellan du Roy, sur son voiage qu'il a fait à Romme en la compaignie de mondit seigneur de Reims. . . v^c l. t.

A maistre Guy Bernard, conseillier et maistre des requestes de l'ostel du Roy, pour semblable cause. . . iiii^c l. t.

A maistre Thomas de Courcelles, pour semblable cause. . . . . ii^c l. t.

A maistre Jehan Joguet, secretaire du Roy, pour ledit voiage. . . . . iii^c. l. t.

A messire Guy d'Aussigny, chevalier, conseillier et chambellan du Roy, que ledit seigneur lui a ordonné pour aler avecques les dessusdiz en ladicte ambaxade à Romme vi^xx xvii l. x s. t.

A...., chevaucheur de l'escuierie du Roy, lequel fut envoié par deux foiz, de par le Roy, partant de Tours, en Savoie, porter lettres closes à monseigneur de Dunois et autres messeigneurs de l'ambaxade. . . . . . . xxxi l. v s. t.

. . . . x^m clxviii l. xv s.

Perte de finance.

Pour perte de finance qui a esté faicte en plusieurs grosses sommes de deniers qui ont esté baillées comptant, avancées et prestées au Roy, au long de ceste année, à plusieurs et diverses foiz, et icelles apportées de Languedoc et d'ailleurs où l'argent a esté prins à perte de finance et à change, la somme de ii^m l. t., laquelle somme le Roy veult estre allouée ès comptes dudit tresorier et rabatue de sa recepte par ce present roole seulement et non obstant qu'il n'appaire autrement de ladicte perte de finance, de laquelle perte le Roy a esté content. Pour ce, cy. . . . . ii^m l. t.

Pour autre perte de finance faicte en la somme de ii^m vii^c l l. que le Roy a donnée l'année passée au marquis de Final, dont mencion est faicte cy dessus, et icelle lui a fait paier et bailler comptant, en Avignon et à Genesve, par lettre de change, et y a eu perte de ii^c l l. t. Laquelle somme le Roy veult estre allouée ès comptes dudit tresorier, en rapportant ce present roole pour tout acquit, non obstant qu'il n'appaire de ladicte perte. Pour ce. . . . . ii^c l l. t.

Pour perte de finance faicte pour avoir avancié et baillié comptant la somme de VIII^{m} l. t. pour la première ambaxade qui fut envoiée à Romme, dont mencion est faicte en ce present roole; et aussi la somme de III^{m} V^{c} l. t. pour la seconde ambaxade dont les parties sont semblablement cy dessus escriptes, la somme de V^{c} l. t., laquelle ledit seigneur veult estre allouée ès comptes dudit tresorier par ce present roole tant seulement, non obstant qu'il n'appaire de ladicte recepte. Pour ce, cy. . . . . V^{c} l. t.

Somme toute : Sept vings ung mil six cens soixante-six livres tournois.

Nous, Charles, par la grace de Dieu, Roy de France, certiffions aux gens de nos comptes et autres qu'il appartendra que nous avons receu comptant de maistre Estienne Petit, tresorier general de toutes noz finances ès païs de Languedoc et duchié de Guienne, la somme de huit mille vingt cinq livres tournois contenue en trois articles cy dessus escriptz en deniers à nous bailliez comptans, et les autres parties contenues et declairées en ce present roole, montans la somme de six vings treize mil six cens quarante et une livre tournois, lui avons fait paier aux personnes et pour les causes cy dessus declairées. Montans ensemble toutes les parties contenues en cedit present roole ladicte somme de sept vings ung mil six cens soixante six livres tournois. En tesmoing de ce nous avons signé ce present roole de nostre main. Donné à Alençon le XXVIIe jour de mars, l'an mil CCCC quarante et neuf, avant Pasques.

Signé : CHARLES.

Et plus bas : JEHAN, evesque de Carcassonne.

DE LA LOERE.

(Original, GAIGNIÈRES, 558^{7}, f. 12.)

II

2 avril 1451.

Roolle des parties ordonnées par le Roy nostre sire estre paiées par maistre Estienne Petit, tresorier et receveur general ès païs de Languedoc et duchié de Guienne, et aussi de l'aide de VI^xx m livres tournois, et de VI^m livres tournois pour le paiement des presidens, conseilliers et autres officiers du parlement de Tholouse, ottroiez par les gens des trois Estaz dudit païs de Languedoc, assemblez en la ville de Tholouse ou mois de mars derrenier passé, des deniers venans et yssans dudit aide, aux personnes et pour les causes cy après declairées.

Et premièrement. Deniers baillez à officiers qui en doivent compter.

A Poton, seigneur de Saintrailles, premier escuier de corps et maistre de l'escuierie du Roy, pour convertir ou fait de ladicte escuierie de ceste presente année commençant le premier jour d'octobre mil CCCC cinquante, la somme de six mille livres tournois. Pour ce, cy. . . . . VI^m l. t.

A lui, pour convertir comme dessus ou fait de ladicte escuierie de ceste dicte année, la somme de mil quarante six livres sept solz six d. t. Pour ce. . MXLVI l. VII s. VI d. t.

A lui, pour convertir comme dessus ou fait de ladicte escuierie de l'année passée finie le derrenier jour de septembre M CCCC L, la somme de cinq mil neuf cens quatre vins une livre, cinq solz t. Pour ce, cy. . V^m IX^c IIII^xx I l V s. t.

A lui, pour convertir, comme dessus, ou fait de l'escuierie de ladicte année passée, huit cens quatre vins seize livres seize solz sept d. t. Pour ce. VIII^c IIII^xx XVI l. XVI s. VII d. t.

A Guillaume de Varye, varlet de chambre du Roy et par lui commis ou fait de l'argenterie dudit seigneur, pour convertir, à cause de sadicte commission, ou fait de ladicte argenterie de ceste presente année commençant le premier jour d'octobre M CCCC L, la somme de six mille livres tournois Pour ce, cy. . . . . VI^{m} l. t.

A lui, pour convertir, comme dessus, ou fait de ladicte argenterie de ceste presente année, trois mille sept cens soixante cinq livres quatre deniers tournois. Pour ce . . . III^{m} VII^{c} LXV l. IIII d. t

A lui, pour convertir, comme dessus, aux robes des menus officiers de l'ostel du Roy, pour ceste presente année, quatorze cens livres tournois. Pour ce. . . . XIIII^{c} l. t.

A lui, pour convertir, comme dessus, ès robes des chappellains et aultres officiers de la chappelle dudit seigneur pour ceste dicte année, la somme de mille livres tournois. Pour ce. . . . . M l. t.

A lui, pour convertir comme dessus ou fait de l'argenterie de l'année passée, finie le derrenier jour de septembre M CCCC L, quatre mille vingt trois livres dix sept solz six deniers tournois. Pour ce. . IIII^{m} XXIII l. XVII s. VI d. t.

A lui, pour convertir comme dessus, ou fait de l'argenterie de ladicte année passée, deux cens dix huit livres neuf solz quatre deniers tournois Pour ce. II^{c} XVIII l. IX s. IIII d. t.

A lui, pour convertir comme dessus ès robes des menus officiers de l'ostel dudit seigneur pour ladicte année passée, oultre la somme de mille l. t., assignée en l'aide derrenier passé, quatre cens livres tournois. Pour ce. . IIII^{c} l. t.

A lui, pour convertir comme dessus ès robes de livrée d'esté et d'yver des hommes d'armes et archiers de la garde du Roy, pour ladicte année passée, oultre ce que autresfois a esté assigné pour ladicte cause, la somme de quatre cens sept livres deux solz six d. t. Pour ce. IIII^{c} VII l. II s. VI d. t.

A Otto Castellain, commis au paiement des presidens, conseilliers et autres officiers du parlement de Tholouse, pour convertir, à cause de sadicte commission, ou paiement des dessusdiz de parlement, la somme de six mille livres tournois. Pour ce. . . . . VI^{m} l. t.

. . . . XVII^{m} CXXXVIII l. XVIII s. IX d. t.

Deniers baillez au Roy comptans.

Au Roy, comptant, pour faire ses plaisirs et voulentez, quinze cens livres tournois. Pour ce. . . . . XV^{c} l. t.

Audit seigneur, comptant, par les mains de Jaques Cuer, pour faire, comme dessus, ses plaisirs et voulentez, la somme de trois mille quatre cens cinquante livres tournois. Pour ce. . . . . III^m IIII^c L l. t.

Audit seigneur, comptant, par les mains de Guillaume de Varye, à Lavardin, trois cens cinquante une livre sept sols six deniers tournois. Pour ce. . . III^c LI l. VII s. VI d. t.

Audit seigneur, comptant, par les mains dudit Guillaume de Varye, le Roy estant en Normandie, pour faire ses plaisirs et voulentez, huit vingt deux livres cinq solz tournois. Pour ce. . . . . VIII^xx II l. V s. t.

Audit seigneur, comptant, à une autre foiz, par les mains que dessus, pour faire sesdiz plaisirs et voulentez, quatre cens cinquante quatre livres unze solz neuf deniers tournois. Pour ce. . . . . . IIII^c LIIII l. XI s. IX d. t.

Audit seigneur, comptant, à une autre foiz, par les mains de Jaques Cuer, pour faire comme dessus, la somme de quatre cens livres tournois. Pour ce. . . . IIII^c l. t.

Audit seigneur, comptant, à une autre foiz, par les mains que dessus, et pour faire comme dessus, la somme de six cens livres tournois. Pour ce. . . . . VI^c l. t.

. . . . IX^c XVIII l. IIII s. III d. t.

Deniez paiez en acquit du Roy.

A . . . . auquel le Roy a fait marchander, pour la sepulture de feu monseigneur le duc de Berry, la somme de six cens livres tournois, oultre XII^c l. t. que le Roy a assignées pour ladicte cause ès deux aides precedens; laquelle somme ledit seigneur veult et ordonne lui estre baillée par ledit receveur maistre Estienne Petit, et icelle estre allouée en la despense de ses comptes, par rapportant ce present roole et quictance seulement dudit . . . ., et sans ce qu'il soit tenu d'enseignier dudit marchié ny aussi de l'ouvrage fait en ladicte sepulture. Pour ce, cy. . . . . VI^c l. t.

A Pierre Castellain, demourant à Montpellier, cinq cens livres tournois, pour partie de la somme de II^m VIII^c XXXII l. VI s. VI d. oboles tournois, en quoy le Roy lui estoit tenu par une cedule de *debentur* de la chambre des comptes dudit seigneur. Pour ce. . . . . V^c l. t.

A Jaques Cuer, conseillier et argentier dudit seigneur, deux mil sept cens cinquante livres tournois, en quoy ledit seigneur estoit tenu pour six coursiers qu'il a fait achetter et prandre de lui pour ledit pris, et iceulx VI coursiers a ledit seigneur donnez à monseigneur de Dunois, monseigneur le grant maistre d'ostel, monseigneur de Dampmartin, monseigneur de Bueil, monseigneur de Torcy et monseigneur le seneschal de Poictou, durant sa conqueste de Normandie; laquelle somme de II^{m} VII^{c} L l. ledit seigneur veult estre paiée audit Jaques Cuer par ledit maistre Estienne Petit, et icelle estre allouée en la despense de ses comptes, en rapportant la quictance dudit Jaques Cuer seulement, et sans ce qu'il soit tenu d'enseignier dudit pris desdiz coursiers ne de la distribucion et recepcion d'iceulx autrement que par ce present roole seulement. Pour ce. . . . . . II^{m} VII^{c} L l. t.

A Jehan Sevineau, orfèvre, cinquante une livres dix sept solz six deniers tournois, pour une petite chayne d'or que le Roy a fait prendre et achetter de lui, et pour avoir mis en euvre et pendu à ladicte chayne ung gros diamant envoié par ledit seigneur à monseigneur le Dauphin pour ses estreines de ceste année; laquelle somme le Roy veult estre allouée ès comptes dudit tresorier par rapportant la quictance dudit Sevineau seulement. Pour ce. LI l. XVII s. VI d. t.

A Guillaume de Varye, varlet de chambre du Roy, trois cens quatre vins dix-huit livres dix sept sols six deniers tournois, pour la par paye de la somme de XIII^{c} IIII^{xx} XVIII l. XVII s. II d. t., en quoy ledit seigneur estoit tenu au père dudit de Varye, comme par lettres sur ce faictes puet apparoir; laquelle somme de III^{c} IIII^{xx} XVII l. XVII s. II d. t. le Roy veult estre paiée audit Guillaume de Varye par ledit maistre Estienne Petit, et icelle estre allouée en la despense de ses comptes, en raportant quictance dudit de Varye, avec les lettres qu'il a de tout le debte. Pour ce. . . . . .

III^{c} IIII^{xx} XVIII l. XVII s. II d. t.

A messire Pierre de Breszé, seigneur de la Varenne, six cens quatre vins sept livres dix solz tournois, en quoy le Roy lui estoit tenu pour pareille somme qu'il avoit baillée pour ledit seigneur aux Reynfoks, anglois, pour la reduction et tractié de Gisors, sans ce qu'il en eust du Roy cedule ny autre enseignement; laquelle somme ledit seigneur, estant deuement acertené des choses dessus dictes, veult estre paiée et baillée audit seigneur de la Varenne par ledit tresorier, et icelle estre allouée en ses comptes, en rapportant la quictance seulement dudit seigneur de la Varenne. Pour ce. . . . . VI^{c} IIII^{xx} VII l. X s. t.

. . . . .^{m} IX^{c} IIII^{xx} VIII l. IIII s. VIII d. t.

Gaiges d'officiers et gardes de place.

A Helion le Groing, escuier d'escuierie du Roy nostre sire et capitaine de Lestore, pour ses gaiges de ladicte capitainerie pour ceste année, commençant le premier jour de janvier derrenier passé CCCC L, la somme de deux cens livres tournois. Pour ce . . . . II^{c} l. t.

A Olivier de Coetivy, seneschal de Guienne et capitaine de la Reole, pour la garde de ladicte place et autres places estans en Guienne, trois mille livres tournois, pour ceste année commençant comme dessus. Pour ce, cy . III^{m} l. t.

A monseigneur le conte du Mayne, gouverneur pour le Roy dudit païs de Languedoc, dix mille livres tournois, pour le parfait de XXIIII^{m} l. t. qu'il a pour ses gaiges ou provision dudit office. Pour ce . . . . X^{m} l. t.

A maistre Estienne Petit, tresorier et receveur dessusdit, mille livres tournois, pour ses gaiges de lever et recevoir ce present aide. Pour ce . . . . M l. t.

Pensions.

A monseigneur le conte de Foix, pour sa pension de ceste presente année commencant en janvier M CCCC L, la somme de six mille livres tournois. Pour ce . . VI^{m} l. t.

A monseigneur de Lautrec pour semblable, douze cens livres tournois. Pour ce . . . . XII^{c} l. t.

A monseigneur de Lebret, pour semblable, quatre mille livres tournois. Pour ce . . . . IIII^{m} l. t.

A Estienne Seguier, appothicaire du Roy, pour semblable, deux cens livres tournois. Pour ce . . . II^{c} l. t.

A monseigneur de Dunois, pour le parfait de sa pension, mille livres tournois. Pour ce . . . . M l. t.

A messire Jehan de Jambes, conseillier et premier maistre

d'ostel du Roy, pour le parfait de sa pension qui est de IIm l. t., la somme de quatorze cens livres tournois. Pour ce . . . . XIIIIc l. t.

. . . . IIIm VIIIc l. t.

Dons et recompensacions.

Aux secretaires du Roy estans et servans audit païs de Languedoc, pour don à eulx fait par ledit seigneur pour leur aidier à vivre et estre plus honnestement, trois cens livres tournois, pour icelle estre departie entr'eulx, selon l'ordonnance de l'evesque de Carcassonne et de Jacques Cuer. Pour ce, cy . . . . IIIc l. t.

Aux prelatz, nobles et autres gens des trois Estaz dudit païs de Languedoc qui ont tenu la main à l'octroy de ce present aide, deux mille livres tournois, à departir entr'eulx, par l'ordonnance desdiz evesques de Carcassonne et Jacques Cuer. Pour ce . . . . IIm l. t.

A Carles de Castillon, deux cens livres tournois, pour partie de la somme de M l. t. que le Roy lui a donnée pour recompensacion de l'office de visiteur general des gabelles du Languedoc, lequel il a laissié, et laquelle somme lui doit estre paiée en cinq années. Pour ce, cy, pour la IIIe année . . . . IIc l. t.

A la Royne, pour recompensacion de la blanque de X d. t. qu'elle prenoit sur chascun quintal de sel qui se vent ès greniers de Languedoc, laquelle blanque le Roy a ordonné estre convertie ès reparacions des portz de Languedoc, la somme de deux mille livres tournois. Pour ce. . . . . IIm l. t.

Aux commissaires qui ont esté de par le Roy à requerir ce present aide, à departir entr'eulx par l'ordonnance de l'evesque de Carcassonne et Jaques Cuer, deux mille livres tournois. Pour ce . . . . IIm l. t.

A la Royne, pour don à elle fait par le Roy, trois mille livres tournois. Pour ce, cy . . . . IIIm l. t.

A monseigneur le conte de Dunois, pour semblable, treize cens soixante quinze livres tournois. Pour ce. . . . . XIIIc LXXV l. t.

A messire Tanguy du Chastel, conseillier et chambellan

du Roy, pour lui aidier à entretenir son estat, trois mille livres tournois. Pour ce . . . . III^m l. t.

A monseigneur le conte de Clermont, pour semblable, deux mille livres tournois. Pour ce . . . . . . II^m l. t.

A messire Bertran de la Tour, seigneur de Montgascon, pour semblable, mille livres tournois. Pour ce . . M l. t.

A Balsarin de Trez, armurier, cent livres tournois, que le Roy lui a ordonné par lui estre baillée à deux brigandiniers qui ont levé leurs ouvrouers l'un à Tours et l'autre à Bourges; et veult ladicte somme estre allouée en la despence des comptes dudit tresorier par rapportant la quictance dudit Balsarin seulement. Pour ce, cy . c l. t.

A messire Thierry le Conte, chevalier, gouverneur de Montpellier, pour lui aidier à entretenir son estat, deux cens livres tournois. Pour ce, cy. . . . . . . II^c l. t.

A maistre Jehan Majoris, confesseur de monseigneur le Daulphin, pour semblable, cent l. t. Pour ce. . . c l. t.

A monseigneur l'evesque de Maillezais, conseillier du Roy, pour semblable, six cens l. t. Pour ce. . . VI^c l. t.

A maistre Jehan de la Loère, secretaire du Roy, pour semblable, deux cens livres tournois. Pour ce . . II^c l. t.

Aux consulz, manans et habitans de la ville de Marzilhan, ou diocèse d'Agde, deux cens l. t. pour eulx aidier a refaire la muraille de ladicte ville, laquelle a esté, par fortune de tempeste, abatue et rompue. Pour ce, cy. . . . II^c l. t.

A monseigneur le conte de Foix, pour cinquante harnoiz et cent brigandines que le Roy a fait prendre et achetter de Balsarin de Trez, marchant de harnoiz, le pris et somme de trois mille quatre vins treize l. quinze s. t., et icellui harnoiz a donné audit conte de Foix, et fait bailler et delivrer pour lui au seigneur de Gere, son maistre d'ostel. Et a voulu et veult ledit seigneur ladicte somme de III^m IIII^{xx} XIII l. XV s. t. estre paiée audit Balsarin, pour ladicte cause, par ledit tresorier, et icelle estre allouée en ses comptes en rapportant quictance dudit Balsarin de ladicte somme et certifficacion dudit seigneur de Gere de la recepcion dudit harnoiz, tant seulement. Pour ce, cy. III^m IIII^{xx} XIII l. XV s. t.

A monseigneur de Lebret, neuf cens vint huit livres deux s. six d. t., pour achetter quinze harnoiz et trente brigandines que le Roy lui a pareillement données, afin d'estre mieulx en point à la conqueste de Guienne et pour accompaigner ledit seigneur. Laquelle somme le Roy veult, pour ladicte cause, estre allouée ès comptes dudit tresorier, en rapportant la quictance dudit seigneur de Lebret ou de son tresorier seulement. Pour ce . . IXc XXVIII l. II s. VI d. t.

A monseigneur d'Armaignac, deux mille deux cens trente sept livres dix solz tournois, que le Roy lui a donnez, c'est assavoir mille livres tournois comptant, et XIIc XXXVII l. x s. t. pour achetter xx harnoiz et XL brigandines, pour semblable cause que dessus. Et a voulu et veult toute la somme de IIm IIc XXXVII l. x s. t. estre allouée audit tresorier en rapportant quictance dudit conte d'Armaignac ou de son tresorier seulement. Pour ce . . . IIm IIc XXXVII l. x s. t.

A monseigneur le conte de Dunois, messire Pierre de Breszé, seigneur de la Varenne, et Jaques Cuer, argentier du Roy, douze cens quatre vins huit l. sept s. six d. t., pour avoir chascun une robe et autres habillemens, pour l'entrée du Roy en la ville de Rouen, après la reduction d'icelle en l'obeïssance dudit seigneur. Pour ce. . . . .
XIIc IIIIxx VIII l. VII s. VI d. t.

A messire Bernart Aulbert, chevalier de Cathaloigne, venu en ambaxade devers le Roy de par la Royne d'Arragon, mille trente une l. cinq s. t., que ledit seigneur lui a donnez et fait delivrer en VIIc L escus. Pour ce, cy. M XXXI l. v s. t.

A monseigneur de Torcy, six cens dix huit livres quinze solz tournois, pour avoir dix harnoiz et quinze brigandines que le Roy lui a donnez. Pour ce . . VIc XVIII l. XV s. t.

A Ysabeau de Hettre, damoiselle de la Royne, pour don à elle fait par le Roy, vingt sept livres dix solz tournois. Pour ce, cy . . . . XXVII l. x s. t.

A messires Ladron de Guevara et Gomès de Royois, chevaliers d'Espaigne, venus devers le Roy, pour don à eulx fait par ledit seigneur, à chascun d'iceulx deux cens livres tournois. Pour ce . . . . IIIIc l. t.

A Jehan de Sarrez, escuier de Cathalongne, pour don à lui fait par ledit seigneur, six vins dix sept livres dix solz tournois. Pour ce. . . . . VIxx XVII l. x s. t.

A Hance Bequelet, escuier du duc d'Autriche, pour avoir une robe, cent quatre vins deux livres dix sept solz six deniers tournois. Pour ce. . . . IXxx II l. XVII s. VI d. t.

A la femme Fouquet Guidas, pour don à elle fait par le Roy, deux cens livres tournois. Pour ce. . . . IIc l. t.

A Jehan de Cloe, serviteur dudit Fouquet Guidas, qui a apporté au Roy ung livre et une espée que sadicte femme a envoié audit seigneur, vingt sept livres dix solz tournois. Pour ce . . . . xxvii l. x s. t.

A maistre Mile de Bergy, que ledit seigneur lui a donné pour avoir une robe, trente sept livres deux solz six deniers tournois. Pour ce . . . . xxxvii l. ii s. vi d. t.

A Guillaume de Rosnivinen, escuier, pour avoir ung harnoiz de mesure, cinquante-cinq livres tournois. Pour ce . . . . lv l. t.

A Heliot de Graves, escuier, homme d'armes de la compaignie de monseigneur d'Orval, pour avoir ung autre harnoiz, quarante une livre cinq s. t. Pour ce, cy. xli l. v s. t.

Au seigneur de Gere, maistre d'ostel de monseigneur le conte de Foix, pour don à lui fait par le Roy, en recompensacion des services qu'il lui fait en la compaignie de mondit seigneur de Foix, cinq cens livres tournois. Pour ce v^c l. t.

A [Ogier de Brequit], juge de Marsan, conseillier de mondit seigneur de Foix, pour semblable, trois cens livres tournois. Pour ce, cy . . . . iii^c l. t.

A messire Jaques de Chabannes, chevalier, seneschal de Bourbonnois, pour avoir vi harnoiz, deux cens quarante-sept livres dix solz tournois. Pour ce, cy. ii^c xlvii l. x s. t.

A messire Robinet d'Estampes, chevalier, pour don à lui fait par le Roy, pour estre plus honnestement en la compaignie de monseigneur le conte de Clermont, deux cens livres tournois. Pour ce. . . . . ii^c l. t.

. . . . . ix^m viii^c xxix l. t.

Voiages et chevauchées.

Pour voiages et chevauchées necessaires estre faictes en Languedoc, tant pour le fait du Roy que dudit païs, et lesquelz seront tauxez tant par les generaulx des finances que par ledit tresorier general, la somme de mille livres tournois. Pour ce. . . . . m l. t.

A monseigneur l'evesque de Carcassonne, general de France, pour ses voiages de ceste année, à cause de son dit office, deux mille livres tournois. Pour ce. . . . ii m l. t.

A Guillaume de Varye, contrerolleur de la recepte generale de Languedoc, pour ses voiages de ceste année, quatre cens livres tournois. Pour ce, cy . . . . . . IIII^c l. t.

A Jaques Cuer, conseillier et argentier du Roy, pour ses voiages de ceste année, deux mille livres tournois. Pour ce, cy. . . . . II^m l. t.

A l'evesque d'Agde, conseillier du Roy, pour ses voiages qu'il a faiz ceste année en la compaignie du Roy, tant en Normandie que ailleurs où le Roy a esté, èsquelz voiages il a vacqué l'espace de dix mois et plus, la somme de mille livres tournois. Pour ce, cy. . . . . M l. t.

A maistre Estienne Chevalier, conseillier et maistre des comptes dudit seigneur et contrerolleur de la recepte generale, sur ce qui lui peut estre deu de ses voiages des années passées, deux cens livres tournois. Pour ce, cy. . II^c l. t.

A Guillaume Cleret et Perceval Pelourde, varletz de chambre du Roy, pour avoir porté les estreines du Roy de ceste année au Roy de Secile et à monseigneur le Daulphin, en trente escuz, c'est assavoir : audit Cleret xx escuz, et audit Pelourde x escuz, quarante-une livres cinq solz tournois. Pour ce. . . . . XLI l. V s. t.

A Jaques Cuer, pour partie de la somme de XIIII^c l. t. qui lui estoit deue de ses voiages de l'année passée, qui sont de II^m l. t., et il n'en avoit eu en l'aide passé que VI^c l. t., la somme de quatre cens livres tournois. Pour ce . IIII^c l. t.

. . . I^m XLI l. V s. t.

Somme toute des parties contenues en ce present roole, cent treize mil neuf cens quinze livres douze solz huit deniers tournois.

Nous, Charles, par la grace de Dieu, Roy de France, certifions aux gens de noz comptes et autres qu'il appartendra que nous avons reçeu comptant de maistre Estienne Petit, tresorier et receveur general dudit païs de Languedoc et de ce present aide, la somme de six mille neuf cens dix-huit livres quatre solz trois deniers tournois, contenus en sept articles cy dessus declairez, en deniers à nous baillez comptans ; et les autres sommes, montans cent six mil neuf cens quatre vins dix sept livres huit solz cinq deniers tournois, avons voulu et ordonné, voulons et ordonnons estre paiées ou assignées aux personnes cy dessus nommées par ledit receveur general. Toutes lesquelles sommes montent ensemble ladicte somme de cxiii^{m} ix^{c} xv l. xii s. viii d. t. En tesmoing de ce, nous avons signé de nostre main ce present roolle.

Donné aux Montilz-lez-Tours, le second jour d'avril, l'an mil cccc cinquante, avant Pasques.

Signé : CHARLES.

Et plus bas : JEHAN, evesque de Carcassonne.

DE LA LOERE.

(Original, GAIGNIÈRES, 558^{8}, f. 16.)

II

TROIS DOCUMENTS INÉDITS

SUR LA SECONDE CAMPAGNE DE GUYENNE.

(1453.)

I

21 juin 1453.

Lettre de Talbot aux chefs de l'armée française.

Nobles honnorez seigneurs et cappitaines, vueillez savoir qu'il nous a esté rapporté que vous vous estez mis sur les champs[1] pour venir gaster et destruire à vostre povoir le peuple, païs et subgetz du Roy d'Angleterre et de France, mon souverain seigneur, et duc de Guienne. Pourquoy nous, comme son lieutenant general èsdiz païs et duché[2], et pour garder et deffendre son peuple et subgetz dont il nous a donné la charge, nous sommes mis sur les champs affin de avoir afaire à vous honnorablement, ainsi que faire se doit, sans destruire ne gaster le povre peuple et païs, aussi bien de vostre parti que comme du nostre. Et pour ce qui de vous ne povons bonnement avoir certaines nouvelles, et que chascun jour changez logis et païs, nous, afin que Dieu n'en soit desplaisant et le povre peuple grevé ne destruit, si ainsi est que vous vueillez demourer et atendre en lieu rai-

1. La campagne s'était ouverte le 12 juin par le siége de Chalais, pris le 17.

2. Par lettres du 2 septembre 1452, Henri VI avait donné pleins pouvoirs au sire de Talbot. RYMER, t. V, part. II, p. 2.

sonnable et champ ouvert et avoir afaire l'un avecques l'autre, nous vous faisons savoir que, dedans trois jours prouchains venans, nous y serons en nostre personne se vous ne vous reculez et que la faulte soit en vous; et de vostre vouloir et entencion nous faites savoir par escript par ce porteur. Donné soubz les landes de Bourdeaulx, soubz nostre signet et seing manuel, le xxime jour de juing, l'an M CCCC LIII.

(Copie dans un formulaire du temps, Ms fr. 5909, f. II^c iij.)

II

24-26 juillet 1453.

Enquête sur certains faits relatifs à la prise de Castillon.

Le XXIIIIe jour de juillet mil CCCC LIII.

Ledit jour, monseigneur le chancellier[1] et monseigneur de Torcy[2] partirent, par l'ordonnance et commandement du Roy, de la ville d'Angoulesme, pour venir devers ses chefs de guerre, c'est assavoir messeigneurs les mareschaulx[3], l'admiral[4], grant maistre d'ostel[5] et autres.

Et le XXVIe ensuivant, qui fut jeudi, arrivèrent au matin en la ville de Liborne ou logeis de monseigneur l'admiral, et ilec presentèrent les lettres du Roy adreçans aux chefz de guerre, contenans creance[6].

Après laquelle creance exposée, monseigneur l'admiral

1. Guillaume Jouvenel des Ursins.
2. Jean d'Estouteville.
3. André de Laval, seigneur de Lohéac, et Philippe de Culant, seigneur de Jaloignes.
4. Louis, sire de Beuil.
5. Jacques de Chabannes.
6. On avait réservé, pour insérer ces lettres, un blanc qui n'a pas été rempli.

parla pour mesdiz seigneurs les chefs de guerre et dist que, au regart de ladicte creance, ilz s'esbaussoient qui avoit rapporté au Roy qu'il y avoit des differences entre eulx, et povoit-on cognoistre que non, car depuis la journée, qui fut mardi XVIIe, et après la prinse de Castillon, qui fut le vendredi XXe ensuivant[1], ilz estoient incontinent venuz en la ville de Liborne, et icelle reduitte en l'obeïssance du Roy, et que tout ce qui avoit jusques lors esté fait avoit esté de l'oppinion de tous ensemble et sans aucun contredit ne debat, et encore, se n'eust esté que ilz avoient eu nouvelles de nostre venue, on ne les eust pas trouvez en ceste ville de Liborne, et feussent partiz dès le jour devant pour aler entre deux mars[2]. Et ce fait, monseigneur le grant maistre requist dire ce qu'il avoit dit et rapporté au Roy, et dist que vray estoit qu'il s'estoit plaint au Roy de la manière de la prise de la ville de Castillon et que l'on n'y avoit pas gardé la forme que on a acoustumé de garder en fait de guerre à la prise de places, et que, quant aucune place se rendoit, on devoit prendre ostages jusques à ung nombre et les distribuer aux chefz de guerre, à chascun selon qu'il est, et aussy commettre gens pour inventorier les biens et bagues estans en la place, pour, après tout fait, les departir et distribuer ainsi que ordonné seroit par tous ensemble; mais on avoit fait tout le contraire, car on avoit prins les ostages et baillez où bon leur avoit semblé, sans y garder ordre; et d'autre part on estoit après entré en la place et pris et emporté tous les biens et grant quantité de prisonniers, et emmenez il ne savoit où. Desquelles choses il, et plusieurs chefz de gens de guerre de l'armée, estoient mal contens, et leur sembloit qu'ilz en devoient avoir leur part, et qu'ilz avoient eu peine et travail à besongner comme les autres.

Et après, monseigneur le seneschal de Poictou[3] dist qu'il luy sembloit, selon la creance que avoit esté dicte, que on lui donnoit charge d'avoir esté cause du desroy qui avoit esté fait, et qu'il avoit entré en la place de Castillon et pris ou fait

1. Bien que le héraut Berry dise que Castillon fut rendu *le quatriesme jour ensuivant* après la bataille, on n'était pas fixé sur la date de la soumission de cette ville, car M. Quicherat, dans les notes de son édition de Thomas Basin, la place au 18 juillet.

2. *Entre deux mers*, petit pays situé entre la Garonne et la Dordogne.

3. Louis de Beaumont.

prendre des prisonniers, et iceulx emmenez et leurs biens et bagues estans en icelle; et oultre, qu'il avoit oultragé un gentilhomme de la charge de monseigneur de Castres[1], et qu'il se vouloit bien excuser et descharger de ce. Et premièrement, au regart de l'entrée de la place, qu'il ne seroit point trouvé que en la place de Castillon il entrast oncques, ne mist les piez, non pas ou boulevart, ne que lui ne les gens dont il a la charge, qui sont environ III^{c} lances, en amandassent d'un prisonnier ne d'autres biens; et que s'il estoit trouvé autrement, il estoit tout prest de le rendre ou faire rendre et restituer. Et au regart du gentilhomme, il ne le cuidoit point avoir oultragé ne fait desplaisir, et que vray estoit que ainsi que on estoit devant la place, pour ce qu'il vit ung gentilhomme atout une longue robe, qu'il ne cognoissoit, qui passoit plus qu'il ne devoit, comme il lui sembloit, en certain lieu, tout gracieusement lui mist ung baston au devant, en lui demandant où il aloit et qu'il reculast arrière; mais qu'il lui fist autre mal ne desplaisir n'en fist. Bien lui dist ledit gentilhomme qu'il l'oultrageoit; à quoy il respondi que non faisoit ne vouldroit faire ne autrement, et qu'il lui pardonnast, et qu'il ne le cognoissoit pas. Et qu'il n'estoit point tel que s'il pensoit que ledit gentilhomme se tensist pour oultragé de ce qu'il lui fist, qu'il ne lui priast qu'il le lui pardonnast, et que à lui ne autre ne vouldroit faire chose qui ne fust bonne et honnorable.

Et après, les dessusdis chancelier et de Torcy procedèrent à examiner aucuns des chefs de guerre et aultres, pour eulx enquerir et informer de la matière, et fait mettre leurs depposicions par escript, ainsy que on pourra veoir par ledit examen.

(Minute originale, Résidu Saint-Germain, CXLII, f. 46.)

1. Jacques d'Armagnac.

III

27 juillet 1453.

Lettre de Charles VII au chancelier de France et au seigneur de Torcy.

De par le Roy.

Noz amez et feaulx, nous avons receu les lettres que nous avez escriptes, par lesquelles avons sceu les diligences que avez faictes touchant ce que vous avions chargié, dont nous sommes bien contens. Et au regard de ce que vous, sire de Torcy, nous avez escript touchant nostre alée par delà, laquelle a semblé à entre vous de par delà estre necessaire pour l'abregement de nostre conqueste, incontinent voz lettres veues nous nous sommes disposez de partir demain[1] de ceste ville pour aler à l'abbaye de la Couronne[2], et ilec demourer jusques à mardi matin[3]. Pour ce pendant faire fere diligence de faire mener et charroier des vivres quant et nous, selon que nous avez escript qu'il est necessaire; et mardi matin, se Dieu plaist, serons à disner à Blanzac[4], et là sejournerons le mecredi et le jeudi[5], et partirons le vendredi matin pour continuer nostre chemin diligemment. Nous feussions partiz dès demain au matin et feussions alez disner à Blanzac, et de là feussions partiz lundi prochain pour tirer oultre; mais par ce que vous avez escript de la dificulté des vivres, et aussi par le rapport que nous en ont fait Pierre de Tinteville et Villemor, ceulx qui sont icy nous ont conseillé de demourer èsdiz lieux en la manière dessus dicte, afin de ce pendant faire assembler ledit charroy et telement pourveoir à tout qu'il n'y ait faulte et necessité de vivres. Toutesvoyes là où verriez plus grant besoing, nous abregerions nostre alée, ainsi que le nous escripriez, jasoit ce que pour lesdiz vivres il sembleroit

1. 28 juillet.
2. A 7 kilom. d'Angoulême.
3. 31 juillet.
4. Chef-lieu de canton, à 26 kilom. d'Angoulême.
5. 1er et 2 août.

estre bien dificile; et que nous ayons de voz nouvelles dedans dimenche pour tout le jour à la Couronne. Et pour ce que nous avez escript que, se n'avions bien à besongner de vous, vous pourriez faire par delà beaucop de service et diligence, tant pour le fait de nostre logeiz que pour le siège de Fronsac, nous sommes contens que demourez par delà pour besongner èsdictes choses, et brief vous envoyerons noz fourriers pour vous aidier au fait de nostre dit logeiz. Si faites et vous emploiez en tout ainsi que verrez estre à faire et que bien y avons confience. Donné à Angolesme le xxvII[e] jour de juillet.

Signé : Charles.

Au dos : A nos amez et feaulx conseillers le chancellier et le sire de Torcy.

R. le xxvIII[e] de juillet cccc LIII, environ IX heures.

(Original, du Puy, 761, f. 21.)

III

LETTRE

DE SAINT JEAN DE CAPISTRAN

AU DUC DE BOURGOGNE.

19 mars 1454.

Saint Jean de Capistran, né à Capistrano (Abruzze) le 24 juin 1386, était, croit-on, d'origine française et fils d'un gentilhomme angevin. Il vécut d'abord dans le monde, et exerça différentes charges. Devenu veuf, il entra dans l'ordre de Saint-François, et se fit remarquer par son humilité et par une stricte observance de la règle. Prédicateur habile et populaire, chargé à plusieurs reprises de diriger des négociations au nom du saint-siége, il parcourut presque toute l'Europe et fut mêlé à tous les grands événements de son temps. Au moment où il s'adressa à Philippe le Bon pour l'exhorter à combattre les Turcs, il était investi de la charge de légat en Allemagne. On sait la part qu'il prit à la défense de Belgrade, où il partagea avec Huniade le succès et la gloire. Il mourut peu après, le 23 octobre 1456. Béatifié en 1690, il fut canonisé en 1724 par Benoît XIII.

La présente lettre ne s'offre pas à nous dans sa forme originale. Traduite évidemment du latin, elle perd beaucoup au travestissement qu'on lui a fait subir ; elle n'en est pas moins précieuse, et méritait, croyons-nous, d'être tirée de l'oubli.

Très noble et très redoubté prinche, seigneur et très singulier bienfaiteur, toutte recommandacion premise avec toutte office servissable, les haultes deliberacions et consaulx vertueulx, digneiz de memore perpetuel, que souventes foiz ont esté trouvés envers toy, très noble Prince, et par la grace du Saint Esperit tousjours augmentés en bien dès le temps que je fus envers ta très noble seignourye, par ta clemence merveilleuse que as envers moy et par la très grant ardeur de charitey que j'ay envers ta très noble seignourye m'ont raempliz non seulement de toute leesse espirituelle, mais aussy par une très singulyère confyance que par ta benivolence a envers moy, par je ne say quel privé privilege, m'ont eslevé et esjoy jusques à present, quel chose est-ce, se je regarde bien l'onneur et la glore de Jhesu-Crist, que je puis oyr plus gracieuse et plus desirée que le très noble et très redoubté princhе duc de Bourgoigne disposast et esmeust veritablement, dès maintenant, sa puissance redoubtée à la recouvrance de la Terre Sainte, desirée de touttes gens? Et se je regarde l'accroissement de la sainte Foy crestyenne, ainsy que je le desire de tout mon coer, quelle chose me pourroit estre plus agreable, plus souefve et plus plaisant que ung ost et une belle armée, pour restaurer et recouvrer le Saint Sepulcre de Nostre Seigneur, Roy eternel et pardurable? Et se on me voelt interroguier sur ce, je respons que me pourroit-on dire ou denoncyer chose plus douce ou plus attendre que icelluy mon prinche, le prince auquel je me suis du tout voué et du tout voues, le prince, dis-je, très redoubté par touttes terres, tout crestien, tout très noble en toutes vertus, laissast memore ainsy grande à ceulx qui vendront apprès luy et à la très noble maison tant grande lumière pour reluire et resplendir par tout le monde, ainsy et par tel manière que, presques par touttes partyes, la noble renommée voleroit d'avoir restitué et rappareilliet par effect et à toutte diligense disposé l'eritaige des crestienz, le lieu du souverain Empereur, et où le prys de la raençon humaine a esté respandue, c'est assavoir le sanc de Nostre Seigneur Jhesu-Crist; lequel lieu est montaigne grasse et delictable, en laquelle il a pleu à Dieu habiter et, luy pendeu en la croix, les bras estendus, pryer pour ceulx qui le crucefyoyent. Certainement oncques ou temps de mon ancyen eage ne fut oye chose plus joyeuse. Mais, las moy! que est-il sourveuu? Le malvais homme, l'ennemy de l'umain lignage, ainsy que j'entengs, en grant douleur de coer et que je le dy en plourant, maintenant par envye a semé une malvaise erbe qui est division et dissension, car il a esmeu et eslevé le serf et subjet à l'encontre du seigneur[1], et le prince enaygry de courroux à l'encontre du poeple, adfin que par le moyen de sa grant malice interposée, il oste à mon prince la couronne de sy grant glore, comme dit est, et qu'il prive de tout le poeple crestyen du loyer de sy grant meritte. O! las, dis-je, très glorieux prince, comme estrange aventure et diverse relacion et rapport se peut de ce ensievir, comme cheste chose est très dure aulx oreilles de tez subgez, que comme le jour approche de povoir acquerir sy grant triunphe, et tu es dit esprouver ta force et ton glaive contre les tiens proppres; tu es diz obscurcir et mucyer la gloire de toy meismes; tu es diz destruire ta propre seignourye; tu es dis finablement opprimer et abaissier la haulte puissance de toy meismes! Helas! très sage prince, pour coy es-tu tant esmeus et courroucyés en toy meismes? Scés tu pas que chest la glore de tes anemis, s'aucuns en as, lesquelx sont tous resjoys voyans que tu seulement discipes et gastes ce que tout le monde doubteroit et crainderoit envahir, pour ce que plus legièrement ilz pourront entreprendre sur ce que tu laisseras et demoura entier? O très noble lignée et très excellens effans! en quelle seurté et esperance demourrés vous, se le père exerce le premier son glaive à l'encontre de vous, et se il vous desherite le premier? O très noble prince et moult très exerlent seigneur, je te prie, voelles oyr et escoutter ton petit serviteur, qui par très grant amour et charité qu'il a en toy, est tellement hurtez et debouttés que pour toy il desend du tout aux piés de Jhesus-Crist! Ayes pitié et compassion des tyens, au moins se tu ne regardes à toy, regarde à ceulx à venir et aux cas qui surviennent. En especial je te prye afin que tu convertisses à ta très haulte lignée la lumière qu'elle a receue des plus grans, en plus ample clarté et lumière, preing et embrace paix, pozé ores que de prime face il te semble que tu ayes aulcun damage, car le Prince qui en nul temps n'est deuement aourez et servis sans paix est de si grant vertu et puissance que ton dommage il te rendera en cent doubles.

1. Allusion à la révolte des Gantois.

Et pour certain la justice du prince est la paix des poeples, suicion de paix, francise de peuple, deffense de gent, garison de malades ou languissans, joye des hommes, attemprace de aer, temps serain de mer, facuidité de terre, solas des povres, heritage des effans et esperance de la beatitude eterneble, de laquelle nul ne joyra sans la paix de celuy qui est nostre vraye paix et qui surmonte tout sens humain. Le Roy de glore venans apporta paix au monde. Les angles chantent : *Paix en terre aux hommes de bonne voulempté.* Le Roy paisible preche paix et benit les paisibles, chest assavoir ceulx qui aiment paix. Il enseigne paix à ses disciples; il denonce paix à tous; il semont et appele ses ennemis à paix, quant pour eulx il fait pryères au Père pardurable. Et finablement le lieu de celui est fait en paix, qui sur toute chose bonne appert avoir congnoissance de tous biens et pour ung très singulier et très especial heritage et très riche Royalme, a laissiet paix à ses enffans et disciples, en disant : *Je vous donne paix; ma paix je vous laisse.* O payx très douce qui es de si grant douceur et suavité que tu ne poes estre proferré sans le baisyer et conjonccion des leffres ! O très noble prince ! recœuvre la, embrasse la et n'ayes point paour de perdre avecques elle, comme ainsy soit qu'elle seulle est deffense et garde des prinches, conservacion de couronne, clarté et noblesse de pensée et de corage, lyen d'amour, coupple de humaine aliance, unité des coers, connexion de choses diverses, et maison et arche de toutes vertus. Elle seulle vaint, elle regne, elle commande et oste faintises, elle comprime les fraudes et barras. Elle reprime les inimitez, elle depart et dissolve tanchons, elle retranche ryottes, elle extrippe dissensions, tue et ochit hayne. Elle acquiert amis, elle surmonte les anemis, elle comprime les yres et couroux, elle apaise les batailles, elle surmarche et suppeditte les orguilleux et vainct les maulx, de quelque manière qu'ilz soyent. O très noble princhе, paix gardée en la maison, c'est à dire en seignourye, estably Romme regnant sur tous les climas du monde, laquelle Sedicion ramena à neant, ainsy que souventes foys elle a tolu et everty les couronnes d'aultres Royalmes. Prang la paix de la très noble âme, adfin que tu ne soyes oublieux de ta vertu ainsy grande. Quele chose, très noble prince, quelle chose t'a profité de chacyer tousjours tes ennemis loing de tes pays et seignouryes, se maintenant tu exerces mortelle vengance contre ceulx qui sont tes effans en gouvernement, posé ores qu'ilz soyent coutumas et rebelles envers toy? Quele loenge et houneur, quelle glore et triunphe, quelle utilité et loyer pues-tu avoir et attendre, se tu opprimes les tyens, destruis ta seignourye, desgastes l'eritage de tes effans? Veritablement à toy demeurent seulement les perils, comme ainsi soit que la fin des guerres et batailles soyent incertaines, et souventes foys celui qui cuide vaincre est vaincu; et finablement quelque chose qui demeure de mal ou de damage sera converty (que Dieu ne voelle!) ou grant prejudice de toy et de tes effans ou subgès. Et je prye ta très noble seignourye que se damage temporel ne te moet ad ce que dit est, que au moins tu, qui est des princes catholiques très crestien, et tel as esté et es renommé estre par le monde, ayes pitey des povres ames rachettées du glorieux sanc de Jhesus-Crist, et pour quelque pourfit ou damage temporel, en ayant pityé d'elles, ne les voelles souffrir perir, comme ainsy soit que une seule ame soit plus precieuse que tout le monde, ne la mort des inffinis et innumerables corps, adfin que je parle avec saint Augustin, se ilz trespassent en grace, ne peut estre comparré au damage d'une ame de quelque povre creature humaine, tant soit de basse condicion, qui meurt en pechiet. Lesquelx perilz, selonc ce que tu as commencyés ta guerre, non seulement moy, petit serviteur de ta très noble seignourye, mais tous les loyaulx crestiens ont souffert griefvement, et soufferont se tu ne te desistes. Et pour ce, très redoubté princhе, voelles toy desister et vaincre toy meismes qui vaincs les aultres, car tu en porteras le triunphe de plaine victore, se toy meismes te vaincs vertueusement. Tu as exemple des tyens propres et des plus grans Empereurs, Roys et Prinches qui te exortent et admonestent de rechepvoir cheste couronne, et se tu ne voels de prime face ensievuir les hommes, tu as le Roys des Roys et seigneur de ceulx qui ont seignourye, Jhesus-Crist nostre souverain Empereur, en ensieuvant lequel tu ne poes esrer, tu ne dois doubter perdre ta dignité, car ceulx qui sieuvent cheluy qui est vraye voye, verité et vye, ne poent esrer ne doivent avoir honte, ne n'est besoings qu'ilz ayent aulcune doubte. Regardes doncques, regarde ton Crist, nostre Dieu, pour honneur duquel tu as acquis en terre tant grant et louable nom. O quant tu regardes le Seigneur, de ses subgez tant durement offendu que bonnement il ne poet estre apaisiés sy non par sa mort, considère combien grande est la pityé et l'amour de la très douce paix du Roy eternel en ses subgez, quant non seulement il leur pardonne selonc leurs merittes, mais se expoza à mort pour leur salut. Desquelx nous ne sommes point pecheurs? Nous nous dechepvons nous meismes et verité n'est point en nous. Ne demandons nous pas chascun jour qu'il nous pardonne? Et s'il le fait, ne lui tourne il pas à sa honte? Jà n'aviengne tele chose estre pensée de loyal courage, car en che est demonstrée chascun jour sa souveraine clemence et misericorde, pour laquelle cause il est appelé misericors, piteux et tout puissant, et comme nous soyons trouvés entre les pecheurs et voellons bien avoir pardon, en rendant à celui qui nous pardonne gloire, louenge et grace, n'avons nous grace, n'avons nous pas honte, et qui plus est, ne sommes nous pas tenus de ainsy faire? *Pardonnés doncques et on vous pardonra*, dit nostre Seigneur Jhesus Crist. Et de rechief : *Se vous pardonnés aulx hommes leurs pechyés, votre père celestre vous pardonra vos pechyés; et si vous ne pardonnés aulx hommes, aussy vostre père ne vous pardonra pas vos pechyés*. Et pour ce, très noble prinche, pardonne, pardonne et espargne à ton poeple, et ne voelles donner ton heritage en reprouches. Appele toy meismes cheulx qui esrent, rechoy cheulx qui venront à toy, et par ta digne clemence surmonte les tous et leur bailles touttes choses que ilz te demanderont, adfin que tu deffendes les ames de la mort de sy griefve bataille, pozé ores qu'il y ayt aulcun dommage temporel. Ayes confyance en Nostre Seigneur, car se tu le ensuis, tu auras plus de louenge et de glore et acquerras plus de pourfit et de loyer et auras plus d'eulx, se ilz sont fais tes amis, que tu n'auroyes se sans aulcune despense tu les faisoyes tous morir et que par engins et machines de guerre ilz feussent par toy destruiz. O très glorieux prince, soit du tout arière de tes yeux le jugement humain, lequel, comme l'Evangile extime et cuide lumière estre tenebres et tenebre estre lumières, estime et juge avoir vaincu estre triunphé, et avoir pardonné estre injuryé; et toutte voyes le souverain honneur est pardonner. J'ay fyance que ta très noble seignourye, ornée de sapience, de soy et de son très bon conseil, s'employera en toute briefté aulx très doulx lienx de paix et, reprinses ses forces et vertus, pour retourner aux premiers divins consaulx, adfin que de la partye des prinches le Saint Sepulcre de Nostre Seigneur soit rendu à la crestienté. Laquelle chose voelle ottroyer et conceder la clemence de Nostre Seigneur Jhesus Crist, aux piés duquel je prye sans chesser pour toy et ta noble maison, et ait valeur ès Royaumes du Chiel ta très noble seignourye, laquelle je desire combattre avoec moy à l'encontre des anemis de la sainte Foy, par son glaive et le mien, et plus par la glaive de Nostre Seigneur Jhesus Crist, qui perce et penettre jusques à la division du sang et de l'âme, en telle manière que jusques à cy an pluisieurs milliers de Bohemes abbatus il a ramené à la vray vye de la sainte foy catholicque, avoecques Saint Pol, avoecques lequel je preings plaisir chascun jour de combattre, sain et bien haittyé en Nostre Seigneur. De nostre estat ta très noble seignourye pourra plus largement savoir par che noble chevalier et très digne mesaige. Escript à Vratislama le XIX[e] de mars mil IIII[c] LIII.

A monseigneur le duc de Bourgoingne et de Brabant.

De vostre très noble et très redoubtée seignourye, le petit serviteur inutile et loyal orateur, frère Jehan de Capistrano, de l'ordre des frères mineurs le plus petit et indigne[1].

(Copie contemporaine, Ms. fr. 1278, f. 142.)

1. On a ajouté au-dessous : Le secret des secrès. Aristote.

IV

RELATION

DE

L'AMBASSADE ENVOYÉE PAR CHARLES VII

A MANTOUE.

Octobre - novembre 1459.

Mathieu d'Escouchy a inséré dans sa chronique (t. II, pages 377-393), une relation détaillée de l'ambassade envoyée par le duc de Bourgogne à Mantoue. On s'y étend complaisamment sur la brillante réception que le duc de Clèves et les seigneurs bourguignons reçurent au passage du duc François Sforza et sur les honneurs que leur rendirent le marquis de Mantoue et le pape. Quelques lignes seulement (p. 393-94) sont consacrées à l'ambassade française. Nous pouvons suppléer à cette lacune au moyen d'une relation étendue, qui nous fait suivre les ambassadeurs de Charles VII depuis Ast, où ils arrivent le 21 octobre 1459, jusqu'à Mantoue où ils font leur entrée solennelle le 14 novembre (et non le 21, comme nous l'avons dit dans notre édition de Mathieu d'Escouchy), et sont reçus le 21 en audience publique. Cette relation complète les documents qu'on avait déjà sur l'assemblée de Mantoue et les négociations auxquelles elle donna lieu; elle prendra place à côté des deux lettres de Jean de Chambes, publiées dans la *Bibliothèque de l'École des chartes*[1], et de la lettre de Nicolas Petit au chancelier Jouvenel des Ursins qui se trouve dans le *Spicilegium* de D. Luc d'Achéry[2].

---

1. 1re série, t. III, p. 186-196.
2. T. IX, p. 305-310.

Le mercredi dernier jour d'octobre vindrent messeigneurs les ambaxadeurs diner en la cité d'Ast, à l'entrée de laquelle ville vint au devant d'eulx monseigneur le bailly de Sens[1], messire Jehan Fouquault, potestat, plusieurs gentilz hommes et bourgois de ladicte ville, et des gens d'armes jusques au nombre de LX à IIII^xx chevaulx, qui les menèrent à la citadelle, là où celluy jour dinèrent et furent grandement festoyez par ledit bailly de Sens. Et demourèrent audit lieu d'Ast le jour de Toussaint et le jour des Mors. Pendant lequel temps le conte Francisque[2] envoya par devers mesdiz seigneurs audit Ast gens et lettres de creance, pour savoir quel chemin ilz vouldroient tenir à aler à Mantue, pour leur offrir, quelque part que nosdiz seigneurs passassent, son corps, ses enfans, son pays et ses biens pour l'onneur de la sacré megestat du Roy, et de tout faire et ordonner à leur plaisir.

Le samedi ensuivant, IIIe de novembre, mesdiz seigneurs les ambaxeurs partirent dudit lieu d'Ast, et les convoya ledit bailly de Sens environ ung mille, puis les laissa avecques aucuns des gens et messaiges dudit conte Francisque, pour tirer en Alixandrie. Et au port de Maz[3], qui est environ à IX mille et my voye desdiz Ast et Alixandrie, rencontrèrent messire Tibert Brandolin, capitaine general des gens d'armes dudit conte Francisque, avecques les filz du conte Loys de Vines et du seigneur Miquelet, accompaignez de XL à L chevaulx, et plusieurs enfans à pié ; lesquels seigneurs receurent et accompaignèrent mesdiz seigneurs les ambaxeurs, leur offrant et presentant de par ledit conte Francisque ainsi que dessus est dit. Après lequel port, à l'entrée dudit Alixandrie, environ à deux milles près, leur vindrent à l'encontre le filz illegitime dudit conte Francisque, nommé Sforce, l'evesque d'Alixandrie[4], et potestat, et autres officiers et gens notables, en bel estat et ordonnance, tant de ladicte ville d'Alixandrie que des gens dudit conte Francisque, jusques au nombre de cent à VI^xx chevaulx. Entrèrent en ladicte ville, où ilz furent bien et honnorablement receuz et festoyez par lesdictes

1. Regnault de Dresnay.
2. François Sforza, duc de Milan.
3. *Masio.*
4. Marc de Capitaneis.

gens du conte Francisque, et y demourèrent jusques au lundi ensuivant.

Le lundi vme jour dudit moys de novembre, partirent de ladicte ville d'Alexandrie, et les convoyèrent lesdiz messires Tibert et Sforce, accompaignez comme dessus, jusques à Barsillenne[1], qui est à dix milles d'Alixandrie, et là firent collacion; puis passèrent avecques eulx lesdiz messire Tibert et Sforce oultre la rivière du Po; et de là s'en retourna ledit messire Tibert, et les laissa accompaignez dudit Sforce et du seigneur Conrat, frère, et du seigneur Tristan, filz illegitime dudit conte Francisque, lesquelz estoient là venuz de ranfort au devant de mesdiz seigneurs les ambaxeurs, accompaignez de plusieurs chevaliers, gentilz hommes et autres notables gens jusques au nombre de XL à L chevaulx. Et de là chevauchèrent tous ensemble jusques à Saint-Lazar[2], où ilz furent pareillement bien receuz, logez et festoyez, et y couchèrent celle nuyt.

Le mardi VIme dudit mois partirent dudit Saint-Lazar, accompaignez comme dessus, et vindrent à Pavye, où il y a XIIII mille; et à deux mille dudit Pavye, rencontrèrent le conte Galyas, filz aisné legitime du conte Francisque, aage de XV ans ou environ, accompaigné de plusieurs notables gens, tant chevaliers, escuiers, officiers, clers, docteurs que autres, de ladicte ville de Pavye, jusques au nombre de cent cinquante chevaulx, qui les conduirent et menèrent parmy ladicte ville jusques au chastel, qui est moult bel et fort, ouquel ilz furent receuz et festoyez très honnorablement et logiez en belles chambres oudit chastel chascun selon son estat; et ce soir soupèrent tous ensemble en la grant sale, accompaignez et servis de grant quantité des officiers et serviteurs dudit conte Francisque et autres notables gens de ladicte ville, lesquelz, en continuant comme dessus, offrirent à mesdiz seigneurs les ambaxadeurs, de par ledit conte Francisque, les corps, pays et biens d'icelluy conte, ainsi que dessus est escript.

Le mercredi matin, VIIme jour dudit moys, partirent dudit Pavye après la messe, accompaignez dudit conte Galyas, de son oncle le seigneur Conrat et de ses deux frères dessus

1. *Bassignana.*
2. *San Nazzaro de' Burgondi.*

diz, et passèrent parmy le grant parc dudit Pavye, en ensuivant leur droit chemin pour aler à Milan. Ouquel parc ledit conte Francisque avoit envoyé ses liepars et grant quantité de chiens et oyseaulx pour donner desduit et esbatement à mesdiz seigneurs les ambaxadeurs, se le temps eust ad ce esté disposé. Mais pour ce qu'il estoit pluvieux, ne s'y arrestèrent point; ains tirèrent jusques à Benasque[1], qui est à dix mille et my voye dudit Pavye et Milan, ouquel lieu ilz dinèrent. Et après diner ledit conte Galyas fist presenter à mesdiz seigneurs les ambaxeurs la belle nef dudit conte Francisque, laquelle estoit preste et richement aornée pour les recevoir, car ledit conte Francisque l'advoit expressement ad ce envoyée, et fait parer de drap d'or, tapisseries et autres beaux paremens très magnifiques. Et pour ce, comme dit est, que le temps estoit fort pluvieux et les chemins malgracieulx, mesmement en ces parties, mesdiz seigneurs entrèrent en ladicte nef sur la rivière de........, accompaignez des dessusdiz, et aucuns de leurs gens jusques au nombre de XL personnes, et fut tirée ladicte nef contremont ladicte rivière à force d'angins et de chevaulx, jusques à environ trois mille près de Millan, et tousjours la costayayent par terre et conduisirent les gens desdiz seigneurs et autres dessusdiz. Et lors vint le conte Francisque à l'encontre de mesdiz seigneurs, accompaigné de grande et notable compaignie, tant seigneurs, barons, chevaliers, gentilz hommes, officiers, gens de guerre, trompettes et haulx menestriers que autres, tant à cheval comme à pié, en grant quantité, jusques au nombre de III^{c} chevaulx et plus. Et adoncques ledit conte Francisque entra, luy cinquiesme, en ladicte nef, avecques lesdiz seigneurs et ambaxeurs, à la personne desquelz presenta au Roy tout ce que dessus est dit; et illecques fut avecques eulx en communiquant de plusieurs et gracieuses parolles et les recevant le plus joyeusement et honnorablement que possible luy estoit, jusques ad ce qu'ilz furent à l'entrée de ladicte ville de Millan où ilz descendirent; et pour ce qu'il estoit sur le point d'anuyter et ne veoit-on mais guères, fist ledit conte venir au devant de mesdiz seigneurs moult grant quantité de torches jusques au nombre de deux cens ou environ, tellement que par les rues avoit presque aussi

1. *Binasco.*

grant clarté comme de jour. Et en telle manière furent mesdiz seigneurs menez et conduiz par ledit conte, l'arcevesque de Millan[1], l'esvesque de Cuin[2], les autres dessus nommez tout au long de la ville jusques au palays, où ilz furent ensemble tous logez et receuz tant honnorablement que possible estoit. Et celle nuyt au souper, furent serviz chascun à part en toutes manières, trop mieulx qu'ilz n'avoient esté au precedant, et pareillement couchez.

Auquel lieu de Millan demourèrent mesdiz seigneurs les ambaxeurs ledit mercredi au soir et le jeudi toute jour. Auquel jour de jeudi, à diner, le conte Francisque envoya ses trompettes en chascune chambre desdiz ambaxeurs jusques au nombre de XXII, ses haulx menestriers, tabourins, joueurs de leuz et chantres, jouer, chanter et chascun d'eulx en son degré festoier lesdiz ambaxeurs. Et en la fin du diner envoya quatre de ses enfans masles legitimes[3] qui sont, entre le premier et le darrenier, tous jeunes enfans, le plus viel d'environ IX à X ans et le plus jeune de quatre à cinq ans, tous vestuz d'un drap d'une couleur, d'une fourreure et d'ung mesme habillement; offrirent iceulx enfans de par leurs seigneur et dame, père et mère, les corps et biens d'iceulx leur père et mère, de leurs frères, seurs, d'eulx mesmes, au service et commandement de la sacré mageste du Roy et de tout ce qu'il leur vouldroit charger et commander, faisant grant honneur et congratulacion ausdiz ambaxeurs pour l'onneur du Roy, et très honnestement et saigement se gouvernant selon leur aage.

Et est assavoir que mesdiz seigneurs les ambaxeurs, dedens le palais dudit conte Francisque, avoient chascun leur estat à part et quatre chambres chascun d'eulx pour eulx et leurs gens, bien tapissées et garnies les principales de ciel, douxciel et couvertes de drap d'or, et les autres d'autres belles tapisseries et broderies; et en chascun des logeiz des IIII principaulx ambaxeurs, grant et notable dressoer couvert de grant quantité de vaisselle d'argent de toutes sortes. Et au regart du service tant de vins que de viandes et espiceries, il ne fault point faire doubte, tant à jour de chair que à jour

1. Charles de Forolivio.
2. Sans doute l'évêque d'*Aqui*, Thomas de Regibus.
3. Voy. notre édition de Mathieu d'Escouchy, t. II, p. 380, note 2.

de poisson, qu'il fut si grant et si notable que possible povoit estre. Et le surplus des gens et des chevaulx furent logez en la ville bien et notablement.

Ledit jeudi que lesdiz ambaxeurs demourant audit Millan, après le diner dudit jour, Madame voulut venir devers eulx; ce qu'ilz ne vouldrent souffrir, mais alèrent devers elle en sa sale; laquelle vint au devant d'eulx jusques à l'entrée de ladicte sale, accompaignée de sa mère[1] et de ses deux filles, l'une de XIIII à XV ans, et l'autre d'environ trois ans, qui sont très belles filles, et de XL à L autres dames ou damoiselles de grant estat, belles filles et très biens habillées, aussy de ses filz, et de grant nombre de nobles gens de plusieurs estas. Et receut ladicte dame lesdiz ambaxeurs très grandement et honnorablement; devisa avecques eulx assez bonne pièce, et après qu'ilz s'en vouldrent departir, elle les vint convoyer, et tous ceulx et celles de sa compaignie, jusques à l'issue de ladicte sale.

Et incontinent que lesdiz ambaxeurs furent departiz, ledit conte survint, qui avoit fait amener grant quantité de chevaulx pour bailler ausdiz ambaxeurs et à leurs gens, pour ce que les leurs estoient las. Les mena le long de la ville jusques au chastel qu'il fait faire, leur monstra ses ediffices et tout ce qu'il a fait et a entencion de faire en ladicte matière, qui est chose bien grande, sumptueuse, notable et de très belle fortificacion; et de là les fist entrer en son parc et avoit avecques luy ses liepars et grant force chiens, et fist lever lièvres et cerfz, après lesquelz il fist lascher ses levriers; pareillement fist lever les chevrieux en la presence desdiz ambaxeurs. Il avoit aussi ses faulcons et esmerillons, qu'il fist vouler aux alloettes, cailles et hairons. Et fut belle chose du desduit qui fut oudit parc par toute l'après dinée.

Le ventredi IXme dudit moys, après diner, partirent lesdiz ambaxeurs dudit lieu de Millan, lesquelz ledit conte et toutes ses gens convoyèrent plus de deux mille oultre Millan, et là prirent ledit conte et ses frères congié desdiz ambaxeurs, pour lesquelz convoyer jusques en la fin de sa seignourie leur bailla ledit conte Galyas son aisné filz et lesdiz messire Sforce et messire Tristan, ses enfans non legitimes,

1. Voir la note citée plus haut. Il faut bien admettre que Blanche, fille *naturelle* du duc Philippe-Marie, ait conservé sa mère près d'elle.

accompaignez de plusieurs autres gens de grant façon, les aucuns nepveux et parens dudit conte, les autres non, jusques au nombre de II à III^{c} chevaulx ou environ; lesquelz cedit jour menèrent lesdiz ambaxeurs coucher en la cité de Laude[1], qui est à xx mille dudit Millan. Auquel lieu de Laude, où ledit conte Francisque faisoit faire ung bel chastel, ilz furent notablement et grandement receuz, très bien logez et festoyez, et pourveuz de vins et de viandes, tant et si avant que possible fut.

Le samedi ensuivant, xme dudit mois, lesdiz ambaxeurs, le conte Galias, et ceulx qui estoient en leur compaignie, partirent dudit lieu de Laude, bien matin, et se mirent lesdiz ambaxeurs, le conte Galias, et aucuns de leurs gens sur la rivière de Adde[2], qui passe devant ladicte ville de Laude. Et alèrent par eaue jusques à Pyguiston[3], qui est bel chastel et fort, distant dudit Laude par terre XVIII mille, et par eaue xxx mille. Auquel lieu de Piguiston ilz trouvèrent la grant barge dudit conte Francisque, qui est une chose bien singulière et magnifique, très richement couverte et acostée de très bel boys, bien richement painte d'or et d'azur, en laquelle a belle sale à manger, belle chambre à coucher, tendue de drap d'or couvert d'orfèvrerie, beaulx retraiz couvers, belle cuisine, tout ce qu'on peut demander, et porte bien cent personnes. En laquelle les ambaxeurs , conte Galyas, et grant partie de leurs gens entrèrent. Et tantost après qu'ilz eurent passé le chastel de Piguiston, entrèrent en la rivière du Pô et alèrent coucher à Cremonne, là où il y a par terre dudit chastel de Piguiston XII mille, et par eaue XVIII mille, et furent logez dedans le chastel dudit Cremonne, bien et notablement, comme par avant ilz avoient esté ou palais de Millan et ou chastel de Pavye. Et demourèrent lesdiz ambaxeurs audit lieu de Cremonne le dimanche ensuivant, qui fut le XIme jour dudit mois de novembre. C'est assavoir que, depuis le commencement de la terre dudit conte Francisque jusques au partement de Cremonne, lesdiz ambaxeurs ont tousjours esté aux despens dudit conte et par luy deffrayez partout.

Duquel lieu de Cremonne lesdiz ambaxeurs partirent le

1. *Lodi.*
2. *L'Adda.*
3. *Pizzighettone.*

lundi XIIme jour dudit mois après diner, et prindrent là congié du conte Galias et de ceulx de sa compaignie, pour ce que c'estoit la darnière bonne ville de leur seignourie; et s'en vindrent à Bouge[1], qui est à XXIIII mille dudit lieu de Cremonne. Lequel lieu de Bouge appartient au marquis de Mantue[2], qui avoit par avant envoyé ses gens pour recevoir et loger lesdicz ambaxeurs audit lieu de Bouge, là où, selon le pays et le lieu, furent bien honnestement receuz. Et pour ce que lesdiz ambaxeurs attendoient des nouvelles de Mantue pour savoir quant le plaisir de nostre Saint Père seroit qu'ilz y entrassent, ilz sejournèrent audit Bouge ledit lundi et le mardi ensuivant, et furent deffroyez par ledit marquis.

Le mercredi XIIIIme dudit mois au matin, se partirent mesdiz seigneurs les ambaxeurs, et vindrent jusques à une esglise de cordeliers de l'observance appelée Nostre-Dame-de-Grace[3], à XIIII mille dudit Bouge, à cinq mille de Mantue ou environ; auquel lieu ilz repeurent. Et là après diner vindrent à eulx les evesques de Cisteron[4] et Conserans[5], et aussi l'ambassade de Venise[6]. Et tantost après se partirent pour aler audit Mantue, accompaignez des seigneurs, evesques et ambaxadeurs dessusdiz, qui povoient estre environ IIII^xx^ chevaulx. Et incontinent rencontrèrent ledit marquis de Mantue, accompaigné de plusieurs chevaliers, seigneurs et autres gens notables en grant nombre, avecques trompettes, menestriers, clairons et autres haulx instrumens; lequel marquis, pour honneur du Roy, offrit à mesdiz seigneurs

1. *Bozzolo.*
2. Louis III de Gonzague, marquis de Mantoue.
3. *Le Grazie.*
4. Jacques du Pont-Lorrain, évêque de Sisteron.
5 Guichard d'Aubusson.
6. « Plusieurs prelatz et en grant nombre vindrent au devant de l'ambaxade, et jusques à cinq mille hors Mantue, à une abbaye nommée Notre-Dame-de-la-Grace, où messeigneurs repaissoient en attendant aussi monseigneur de Montsoreau et autres qui estoient alez à Venise, lesquelz surviendrent et feurent de bonne heure à l'entrée. » Lettre de Nicolas Petit au chancelier de France, dans le *Spicilegium* de D. Luc d'Achéry, t. IX, p. 305. L'original de cette lettre est dans le Ms. Résidu Saint-Germain, vol. XVI, p. 44. — L'ambassade envoyée à Venise se composait de Jean de Chambes, seigneur de Montsoreau, de Georges Havart, seigneur de la Rosière, de Jean d'Aysse, de Jean Toreau et d'un héraut.

les ambaxeurs ses personne, pays et biens. Et tantost après rencontrèrent les ambaxades des autres princes et communitez, et pareillement plusieurs arcevesques, evesques, prothonotaires, referandaires et autres officiers de nostre Saint Père le Pape et des cardinaulx, en grant nombre et moult bel ordre, pour ce que nostre dit Saint Père avoit commandé et ordonné que tous ceulx des autres ambaxades estranges et ses officiers et familiers, avecques tous ceulx des cardinaulx, vensissent au devant de mesdiz seigneurs les ambaxeurs; parquoy, jusques à l'entrée de ladicte ville, ne cessèrent, l'espasse de quatre mille, de rencontrer nouvelles compaignies de gens, et tellement que bien povoient estre de quatre mille à cinq mille chevaulx. Et à l'entrée de ladicte ville, trouvèrent autres compaignes de gens à pié; et mesmement sur la rue par où ilz passoient, en une haulte et belle maison, estoit venue madame la marquise dudit Mantue[1], bien et grandement accompaignée, pour les veoir passer. Et ainsi que dessus accompaignez, avecques grant nombre de trompettes, clairons et autres haulx instrumens, passèrent par les grans rues de ladicte ville jusques au logeiz ordonné pour monseigneur de Tours[2], ouquel ilz le laissèrent; et s'en retournèrent chascun là où son logeiz lui estoit estably.

Le jeudi xvme dudit mois, nostre dit Saint Père envoya aucuns de ses officiers et familiers par devers mesdiz seigneurs les ambaxeurs pour savoir s'ilz estoient bien logez, en leur offrant son palais et ses biens et tout ce qui luy seroit possible de faire pour eulx; et oultre leur dirent que quant ilz seroient prestz, et leur plaisir seroit, nostre dit Saint Père les recevroit de très bon cueur et leur donneroit voulentiers audience. Et cedit jour vindrent par devant mesdiz seigneurs les ambaxeurs toutes les autres ambaxades des princes et communitez, eulx offrans à mesdiz seigneurs pour honneur de la sacré magesté Royal en tout ce qui leur seroit possible.

Le vendredi xvime dudit mois, mesdiz seigneurs conclurent aler le lundi ensuivant devers nostre Saint [Père], mais obstant l'indisposicion de sa personne, il ne se peust faire; par-

1. Barbe de Brandebourg.
2. Jean Bernard.

quoy la chose fut diferée jusques au mercredi ensuivant. Et ce mesme jour sur le vespre, vint monseigneur le duc d'Auterriche[1] en ladicte ville de Mantue, accompaignez de trois à quatre cens chevaulx, en gente compaignie et bien en point, avecques trompettes, clairons et menestriers en grant quantité; au devant duquel alèrent, par l'advis de mesdiz seigneurs les ambaxeurs, monseigneur le bailly de Rouen[2], messire Guy de Bruilhac, accompaignez tant de leurs gens comme de partie de ceulx de mesdiz seigneurs les ambaxeurs et jusques au nombre de cent chevaulx ou environ. Aussi nostre dit Saint Père y envoya deux cardinaulx et austres arcevesques et evesques, et de ses officiers et familliers, ensemble de ceulx des autres cardinaulx et prelas en grant nombre, mais non pas de trop, comme estoient ceulx qui vindrent au devant de mesdiz seigneurs les ambaxeurs, lesquelz les conduirent et menèrent jusques au logeiz qui leur estoit ordonné.

Le samedi XVIIme dudit moys, monseigneur le marquis de Mantue dessusdit fist present à mesdiz seigneurs de vins, farines molues, chairs, aumaille et voulatilles, sel, torches et confitures, et blave[3] pour les chevaulx.

Le mardi XXme dudit moys, nostre dit Saint Père fist present à mesdiz seigneurs les ambaxeurs de vins de diverses manières, chairs, voulailles, faisans, perdriz, pigeons, avoines, torches et plusieurs confitures.

Le mercredi XXIme jour dudit mois, mesdiz seigneurs les ambaxeurs eurent audience, et se fist apporter nostre Saint Père, du palais où il est logé, jusques en la grant eglise; et après la presentacion que firent mesdiz seigneurs les ambaxeurs de leurs lettres, et qu'ilz eurent fait chascun la reverence à nostre dit Saint Père, l'un après l'autre, monseigneur de Paris proposa grandement et notablement à l'onneur du saint Siège apostolique, du Roy et de toute l'ambassade; et a esté la chose tant loée de toutes les nacions, que plus ne peult ; mais encores mieulx recueillie et exaulcée par nostre dit Saint Père, lequel a reprint tous les poins proposez, et à chascun d'eulx a respondu si notablement et si elegamment qu'on ne pourroit mieulx, en parlant de la personne du Roy,

1. Albert, duc d'Autriche.
2. Guillaume Cousinot.
3. *Blava*, blé.

et le louant et exaltant et la très crestienne maison de France si haultement et en si grant honneur qu'il n'est à paine possible de mieulx dire. Et dient tous ceulx qui l'ont ouy que depuis qu'il est pape il n'a esté fait nul si solemnel acte comme celluy dudit jour de mercredi, tant de la part de mesdiz seigneurs les ambaxeurs comme de celle de nostre dit Saint Père ; lequel, present les ambaxeurs de domp Ferrando[1] et du Roy d'Arragon[2], et non obstant ce qu'ilz vouloient dire, et ausquelz pour l'eure nostre dit Saint Père imposa silence, icelluy nostre Saint Père a appelé nomméement le Roy René Roy de Sicile et de Jherusalem. Et ont eu mesdiz seigneurs les ambaxeurs bel commencement; Dieu doint que la fin en soit bonne !

(Copies contemporaines, DU PUY, vol. 760, f. 68 ; BALUZE, arm. I, vol. XI, f. 48.)

1. Ferdinand, fils naturel d'Alphonse V, roi d'Aragon.
2. Jean II, roi de Navarre en 1429, avait succédé à son frère Alphonse en 1458.

V

EXTRAITS

DU COMPTE

DES OBSÈQUES DE CHARLES VII.

Il existe à la Bibliothèque impériale deux exemplaires de ce document; l'un est le compte original : ms. fr. 10372 (ancien supplément français 1161), petit in-4° de 47 feuillets; l'autre est une copie authentique faite sous Louis XI, et qui s'ouvre par des lettres du 28 octobre 1465, approuvant toutes les parties du compte (lequel fut définitivement réglé le 14 juin 1469): ms. fr. 10373 (ancien supplément français 178[23]), grand in-4° de 48 feuillets. — Le manuscrit est incomplet, car on lit à la fin : « Pour le parchemin, escripture et façon de ce present compte, contenant *cinquante six fueillez.* » La transcription ne commence, en effet, qu'au folio 8 du manuscrit 10372.

Le compte original des obsèques porte ce titre :

« Despence faicte par Tanguy du Chastel, nagueres premier escuier de corps et maistre d'escuierie de feu le Roy Charles, VIIe de ce nom (que Dieu absouille!), pour le fait de l'osèque et funerailles dudit feu seigneur. »

Il se termine par l'attestation suivante :

« Nous, Guillaume Juvenel, chevalier, seigneur de Treynel, conseiller du Roy nostre sire, chancelier du feu Roy Charles, VIIe de ce nom (que Dieu absoille!), et Pierre d'Oriole, aussi nagueres conseiller et general sur le fait des finances dudit feu seigneur, certiffions que messeigneurs de son grant conseil, et nous en leurs compaignie, avons ordonné à Tanguy du Chastel, nagueres premier escuier de corps et maistre de l'escuierie d'icelluy feu seigneur, faire fere et emploier, aussi pour bailler et delivrer pour l'obsèque et funerailles d'icellui feu seigneur toutes les parties dont cy dessus est faicte mencion, pour les causes et par les formes et manières que cy dessus est declairé, lesquelles parties montent ensemble dix huit mil deux cens quinze livres deux solz neuf deniers obole petite tournois; et icelles avons veues et visitées. Et en tesmoing de ce, nous avons signé de noz seings manuelz ce present papier, le XIIIIme jour de septembre l'an mil CCCC soixante et ung.

Signé : G. Juvenel des Ursins. P. d'Oriole. »

Les extraits qu'on va lire ne sont pas seulement une reproduction partielle du compte des obsèques. On y trouvera ramenées à un ordre méthodique les notions qu'il fournit; nous avons pris soin d'indiquer, pour chaque extrait, le folio du manuscrit, afin de rendre la vérification plus facile. L'ordre suivi est celui même de la relation publiée par Mathieu d'Escouchy, dont nous avons ici tout ensemble la confirmation et le complément.

Embaumement du Roi.

A Jehan Rousseau, barbier, la somme de XXVIII l. XVII s. VI d. t.: Pour ses peine et sallaire d'avoir ouvert le corps dudit feu Roy par l'ordonnance et commandement de messeigneurs les chambellans, medicins et cirurgiens d'icellui seigneur, et dedans icellui corps avoir mis plusieurs drogueries, espices, pouldres et autres choses pour le preserver et garder de putrefaction, XXVII l. X s. t. Et XXVII s. VI d. t. pour le recompenser de semblable somme qu'il avoit paiée à Guillaume Heberde pour ses peine et sallere d'avoir aidé à ensevelir le corps dudit feu Roy.

A Jehan Moreau, barbier, demourant à Bourges, la somme de VIII l. V s. t., pour ses peine et vacacion d'avoir aidé à Jehan Rousseau, etc.

A Guillaume le Bourgne, appothicaire, aussi demourant à Bourges, la somme de XVIII l. XVII s. I d. t., pour plusieurs pouldres, espices et autres choses de son mestier, par lui livrées et emploiées, etc.

A Jehan le Bourgne, autre appothicaire, demourant à Bourges, la somme de XL s. t., tant pour ses peine et salaire d'avoir aidé à Poncellet Emery, barbier, demourant à Bourges, à mettre et emploier lesdictes poudres et espices ou corps dedans et dehors d'icellui feu Roy, comme pour son voyaige d'avoir apportées de la ville de Bourges à Mehun-sur-Evre audit Poncellet Emery plusieurs desdictes pouldres et espices.

A Poncellet Emery, barbier, demourant à Bourges, la somme de VIII l. V s. t., pour plusieurs pouldres, etc.

Somme : LXVI l. IIII s. III d. t.

(Folios 2 verso-3.)

Ensevelissement du Roi.

Pour VI aunes toille de Troyes dont a esté enseveli le corps dudit feu seigneur, au pris de VII s. VI d. t. l'aune, valent XLV s. t.

Pour l'achat de III aunes grosse toile, en laquelle ont esté enveloppez les habillemens royaux dudit feu seigneur, c'est assavoir manteau, diacre et cendales, au pris de III s. IIII d. t. l'aune, valent X s. t.

(Folio 22.)

Pour avoir moulé et empraint par deux foiz le visaige dudit feu seigneur pour servir à l'entrée de Paris, XIII l. XV s. t. Et pour le voyaige dudit Pierre Hennes de Bourges à Paris pour aporter l'empraínte dudit visaige, y cuidant trouver Foulquet le paintre, ouquel voyaige il a vacqué III jours, pour ce, XL s. t.

(Folio 35.)

A Guillaume Yver, plombeur, demourant à Bourges, la somme de XXXII l. X s. t., pour avoir fait et livré... ung serqueur de plomb et estain pesant III^{c} IIII^{xx} X l.; pour II coffres de bois liez et bendez de bendes et liens de fer, pegez[1] et cimentez, avec un certain nombre de clou et autres choses

1. Enduits de poix.

servans ausdiz coffres, et pour avoir avoir aidé à empraindre et mouler le visaige d'icellui feu Roy.

(Folio 28 verso.)

A Jehan Cousturier, menuisier, demourant à Bourges, la somme de IIII l. t. pour ung grant coffre de boys, par lui fait et livré, dedans lequel a esté mis et bouté le serqueur de plomb ouquel ledit feu Roy a esté mis.

(Folio 29.)

Pour XXXVIII l. de plastre duquel a esté scellé le serqueur du corps dudit feu Roy, au pris de III d. t. la livre, IX s. VI d. t.

(Folio 45.)

Pour avoir fait lier et coller plusieurs nerfz de beufz sur le serqueur dont cy dessus est faicte mencion, VII s. VI d. t.

(Folio 47.)

Ausdiz Martin le Roy et Martin Anjorrant, la somme de IIII l. II s. VI d. t. pour avoir baillé et livré pour le fait desdictes funerailles VI aunes gros drap gris dont a esté feutré le serqueil dudit feu seigneur, au pris de XIII s. IX d. t. l'aune, valent ladicte somme, etc.

(Folio 20.)

Corps du Roi et représentation figurée du corps.

A Martin le Roy et Martin Anjorrant, marchans, la somme de II^{c} I l. VIII s. V. d. ob. p^{te} t., pour avoir baillé et livré pour lesdictes funerailles les parties qui s'ensuivent : C'est assavoir pour avoir baillé et livré à Jehan Pocquet, dit petit Jehan, nagueres tailleur des robes dudit feu seigneur, IIII aunes demie taffetas de Florance changent, dont a esté faicte une chemise pour ledit seigneur, au pris de III escus l'aune, XIII escus et demy, valent XVIII l. XI s. III d. t.

(Folio 13 verso.)

A Jehan Poquet.... pour ses peine et façon d'avoir fait et taillé de IIII aunes demie taffetas de Florence changent une chemise pour ledit feu seigneur, XXVII s. VI d. t.

(Folio 23.)

Pour XVI aunes veloux bleu tiers poil, dont a esté fait ung habit royal, c'est assavoir robe et manteau, pour icellui seigneur, au pris de IIII escus et demy l'aune, valent LXXII escus. Pour ce, IIII^xx XIX l. t.

Pour VI aulnes taffetas vermeil de Florence dont a esté doublé ledit manteau, au pris de III escus l'aune, valent XVIII escus. Pour ce, XXIIII l. XV s. t.

(Folio 13 verso.)

A Gervaisot Bonnet et Jehan de Chasoy, pelletiers, demourans à Paris, la somme de lxxIII l. xv s. t. pour avoir baillé et livré.... à Ambroise Bretault, fourreur, demourant audit lieu de Paris, IIII^c l. hermines et II^c L bestes de menu ver, dont a esté fourré ung manteau royal fait de veloux bleu pour mettre sur l'estature dudit feu seigneur (68 l. 15 s. pour les hermines; 100 s. t. pour les bêtes de menu vair.)

(Folio 21 verso.)

Pour cinq quartiers dudit veloux bleu, dont ont esté faictes unes sandales, *alias* housetes, audit pris de IIII escuz et demi l'aune, valent VII l. XIIII s. VIII d. ob. p^te t.

(Folio 13 verso.)

A Jehan Poquet..., pour ses peine et façon d'avoir fait et taillé ung habit royal, c'est assavoir robe et manteau, ledit manteau doublé de VI aunes taffetas de Florence vermeil et bourdé de XXII aunes franges d'or de bassin; et de V quartiers dudit veloux bleu fait et taillé unes sandales, *alias* housetes. Pour ce, CX s. t.

(Folio 23.)

Pour demie aulne toille de soye dont a esté fait ung beguin pour icellui feu seigneur, X s. t.

Pour I l. X. O. fil or de Florence dont ont esté faictes plusieurs fleurs de liz mises et assises sur ledit habit royal, au pris de XVIII escuz la livre dudit or de Florence, valent XXXIII escus. Pour ce, XLV l. VII s. VI d. t.

Et pour XXII a. franges d'or de bassin pour bourder par bas ledit habit, CX s. t.

(Folio 13 verso 14.)

Pour IIII a. demie taffetas de Florence changent dont a esté faicte une chemise pour l'estature dudit feu seigneur, au pris de III escus l'aune, XIII escuz et demi, valent XVIII l. XI s. III d. t.

(Folio 15 verso.)

A Jehan Hullot et Guillaume des Champs, brodeurs, la somme de VII^{xx} IIII l. VII s. VI d. t., pour leur peine, facon et estouffes d'avoir fait de III l. x o. fil d'or de Florence et I l. et demie or de Chippre, à eulx livré, les parties de broderie qui s'ensuivent. C'est assavoir : L petites fleurs de liz, lesquelles ont esté assises et semées sur le manteau qui sert sur le diacre de feu le Roy Charles VIIe (que Dieu absouille !), au pris de XIII s. VI d. pour facon de chascune, sans ledit or, valent XXV escus. Pour ce, XXXIIII l. VII s. VI d. t.

Pour avoir fait dudit or LIII grans fleurs de liz servans tant aux grans escussons comme audit manteau, au pris de XXVII s. VI d. t. pour facon de chascun, valent LIII escus. Pour ce, LXXII l. XVII s. VI d. t. Et pour avoir fait IX couronnes servans aux dessusdiz IX escussons, au pris de III escus pour facon de chascun, valent XXVII escuz. Pour ce, XXXVII l. II s. VI d. t.

(Folio 25 verso.)

A Jehan Sevineau, nagueres orfièvre dudit feu Roy, la somme de VIII^{xx} XIII l. II s. X d. t., pour avoir fait et livré de son mestier les parties qui s'ensuivent. C'est assavoir : Pour une couronne, ung ceptre et la main de justice, le tout d'argent, pesant ensemble VI m. II o. demie, au pris de IX l. II s. VI d. t. le marc, valent LVII l. XII s. p^{te}. t. Pour la facon et doreure desdiz couronne, ceptre et main, qui sont tous dorez, reservé les bastons desdiz ceptre et main, au pris de IIII l. II s. VI d. le marc, valent XXVI l. IX d. p^{te} t.; lesquelles parties ont servy et esté mises avec le corps dedans le serqueur.

Pour une autre couronne garnie de pierrerie, un ceptre et une main de justice, servant pour l'estature dudit feu seigneur à l'entrée de Paris, le tout d'argent doré, pesant ensemble VI m. III o. III g^{o}, audit pris de IX l. II s. VI d. t. le marc, valent LVIII l. XI s. X d. ob. t. Et pour la facon et doreure, au pris de IIII l. XVI s. III d. t. le marc, valent XXX l. XVIII s. I d. t.

(Folio 28.)

Pour avoir fait porter par ung homme ung petit coffret de

boys, ouquel estoit l'estature du visaige du Roy, du lieu d'Yenville en la ville de Paris, XXXII s. VI d. t.

(Folio 45 verso.)

Pour XXXV a. drap d'or fait sur velute cramoisi vermeil, dont a esté fait ung grant poisle sur lequel estoit l'estature dudit feu seigneur à l'entrée de Paris et Saint-Denis en France, au pris de XXX escus l'aune, valent M L escus. Pour ce, XIIII^c XLIII l. XV s. t.

Pour V a. veloux sur veloux bleu et XVI a. II tiers veloux bleu, dont ont esté faiz les bourgs dudit poisle, au pris de VII escus l'aune dudit veloux sur veloux, et IIII escus demi l'aune dudit veloux bleu, valent cent dix escus. Pour ce, VII^{xx} XI l. V s. t.

Pour XXIIII aunes veloux noir tiers poil, pour joindre soubz la bordeure dudit poisle et pour icellui alonger et eslargir, au pris de IIII escus et demy l'aune, valent CVIII escus. Pour ce, VII^{xx} VIII l. X s. t.

Pour III l. or de Chippre, dont ont esté faictes pluseurs fleurs de liz pour mettre et asseoir sur ladicte bourdeure, au pris de XIII escus la livre, valent XXXIX escus. Pour ce, LIII l. XII s. VI d. t.

(Folio 15 verso.)

Auxdiz Guillaume des Champs, Estienne Blondeau et Jehan Prevost, aussi brodeurs, la somme de C l. t. pour leur peine, façon et estouffes, d'avoir fait de trois livres or de Chippres, à eulx livré, II^c I fleurs de liz, et icelles avoir assises sur les bourgs du poisle de drap d'or qui fut mis soubz l'estature dudit feu Roy à l'entrée de Paris. Pour ce, par marché fait avec eulx, pour leur peine et estouffes seulement sur ledit or, à ladicte somme de C l. t.

(Folio 25 verso.)

Pour LX a. bougran noir dont a esté doublé ung grant poisle fait de drap d'or et les bourgs d'icellui, au pris de X s. t. l'aune dudit bougram, valent XXX l. t.

(Folio 19.)

Audit Jehan Pocquet, dit Petit Jehan, tailleur de robes devant nommé, la somme de XX l. t. pour ses peine et façon d'avoir fait et taillé de XXXV aunes drap d'or fait sur velute cramoisi vermeil ung poisle servant à mettre sur la lictière sur laquelle fut apporté le corps d'icellui feu Roy; de XVI aunes II tiers veloux bleu fait les bourgs dudit poisle; et de XXIII aunes veloux noir alongé tant au long que au travers icellui poisle. Pour tout, la somme de XX l. t.

(Folio 24.)

Pour v quarts veloux cramoisi violet, dont a esté fait ung cuissin à mettre soubz la teste dudit estature, au pris de VIII escus l'aune, valent X escuz. Pour ce, XIII l. XV s. t.

Pour IIII gros botons bien richement d'or de Florence et garnis de lXXII belles et grosses perles, pour mettre et asseoir aux quatre bots dudit cuissin, XVII escuz. Pour ce, XXIII l. VII s. VI d. t.

(Folio 16.)

Char de transport.

A Estienne Cransson, charron, demourant à Bourges, la somme de XXXVI l. XVII s. VI d. t., pour avoir fait et livré de son mestier les parties qui s'ensuivent. C'est assavoir : Pour un chariot branlant servant à porter le corps dudit feu Roy, XXXIIII l. VII s. VI d. t.; pour une table servant à mettre ledit corps dessus, XL s. t.; et pour ses peine et salaire de faire faire les ferrures dudit chariot, X s. t.

(Folio 30.)

Pour XLVIII aulnes veloux noir tiers poil, dont a esté fait une grande couverte à mettre sur le chariot où le corps a esté aporté depuis Mehun-sur-Evre jusques à Nostre-Dame des Champs lez Paris, au pris de IIII escus d'or d'aune, valent II^{c} XVI escus. Pour ce, II^{c} IIII^{xx} XVII l. t.

Pour X a. demie veloux blanc pour faire une croix à mettre sur ladicte couverture, audit pris de IIII escus et demi l'aune, valent XLVII escus quart. Pour ce, LXIIII l. XIX s. IIII d. ob. t.

Pour IIII a. demie veloux bleu tiers poil dont ont esté faiz IX grans escussons aux armes de France pour mettre et asseoir sur ladicte couverture, au pris de IIII escus demi l'aune, valent XX escus quart. Pour ce, XXVII l. XVI s. X d. ob. t.

Pour deux livres or de Florence et I l. demie or de Chypre dont ont esté faictes les fleurs de liz et les couronnes desdiz IX escussons, au pris de XVIII escus la livre dudit or de Florence et XIII escuz la livre dudit or de Chypre, valent LV escuz et demi. Pour ce, LXXVI l. VI s. III d. t.

(Folios 14-14 verso.)

Pour cinquante aulnes de bougran dont a esté doublé une grande couverte, etc..., XXV l. t.

(Folio 19.)

Pour avoir fait et taillé de XLVIII a. veloux noir tiers poil une grande couverte, etc..., avoir doublé ladicte couverte de L a. bougran noir, et de X a. démie veloux blanc avoir fait et taillé une croix à mettre sur icelle, XI l. t.

(Folio 23.)

Pour LXX a. veloux noir tiers poil dont ont esté faictes V couvertes pour les cinq chevaulx du chariot où a esté amené le corps, au pris de IIII escus demi l'aune, valent III^{c} XV escus. Pour ce, IIII^{c} XXXIII l. II s. VI d. t.

(Folio 15 verso.)

Pour avoir baillé et livré XX a. bougran bleu dont ont esté doublées les couvertes de veloux noir des V chevaulx du chariot où a esté amené le corps dudit feu seigneur, au pris de X s. t. l'aune, valent X l. t.

(Folio 19 verso.)

Pour avoir fait et taillé... V couvertes pour les cinq chevaulx du chariot dessusdit, au pris de XL s. t. pour la façon de chascun, valent X l. t.

(Folio 23 verso.)

Engin à trois roues.

A lui (Jehan Cousturier, menuisier), la somme de IIII l. II s. VI d. t., tant pour avoir fait ung engin de bois à trois roues bandé de pluseurs bandes, liens, chevilles et charnières de fer, comme pour le restituer de la somme de XX s. t. qu'il dit avoir paiée à IIII compaignons menuisiers qui lui avoient aidé à faire ledit engin à Baugency; servant icellui engin à monter et à descendre le serqueur dudit feu seigneur du chariot de corps.

(Folio 29 verso-29.)

Poêle de velours noir.

Pour L aunes et demie veloux sur veloux noir dont a esté fait ung poisle à mettre sur le corps quant on dist le service tant à Mehun-sur-Evre que au long du chemin, au pris de VII escus l'aune, valent III^c LIII escus et demi; pour IX aunes demie drap d'or fait sur velute cramoisi vermeil pour mettre et asseoir sur ledit poisle, au pris de XXX escus l'aune, valent II^c XIII^xx V escus; et pour XI aunes et demie damas blanc pour faire la croix à mettre sur icellui poisle, au pris de III escus l'aune, valent XL escuz quart. Ensemble IX^c XXXIII l. V s. VII d. ob. t.

(Folio 14.)

Pour avoir fait couldre audit lieu de Romorantin sur le poisle de velute ung grant escusson aux armes de France, III s. IIII d. t.

(Folio 44 verso.)

Pour L a. bougran noir dont a esté doublé ledit poisle, au pris de X s. t. l'aune, valent XXV l. t.

(Folio 19.)

Pour avoir fait et taillé de L a. et demie veloux sur veloux noir un poisle à mettre sur le corps pour servir sur le corps et avoir assis et cosu sur ledit poisle IX a. demie drap d'or fait sur velute cramoisi vermeil, de L a. bogran noir avoir doublé icellui poisle, et de XI a. demie damas blanc avoir taillé et cosu une croix pour ledit poisle XVI l. X s. t.

(Folio 23.)

Notre-Dame-des-Champs.

A frère Anthoine Vignier, prieur de Nostre-Dame des Champs lez Paris, la somme de LV s. t., tant pour avoir esté en procession au devant du corps dudit feu Roy, comme pour avoir dit vigilles en ladicte eglise durant que le corps fut en icelle.

(Folio 5.)

Pour II^c livres cire mises et emploiées en cent torches qui ont servy à l'entrée et en l'eglise de Nostre-Dame des Champs, audit pris de XXV l. t. le cent, valent L l. t. Pour XL l. de ladicte cire mises et emploiées en IIII grans cierges, lesquelz ont servy en l'eglise dudit lieu, durant que le corps fut en icelle, audit pris, valent x l. t. Pour xxv l. de ladicte cire dont ont esté faiz xxv cierges qui ont esté mis en ladicte eglise, audit pris, valent VI.l. v s. t.

(Folio 9.)

Cortège.

Pour XXIIII a. veloux noir tiers poil dont ont esté faictes VI robes pour les VI paiges dudit feu seigneur, au pris de IIII escus et demi l'aune, valent CVIII escus. Pour ce, VII^{xx} VIII l. x s. t.

Pour IX a. satin noir pour leur fere pourpoins, aupris de II escus demy l'aune, valent XXII escus demi. Pour ce, XXX l. XVIII s. IX d. t.

Harnoiz et couvertes des selles des chevaulx desdiz VI paiges, XXX aunes veloux noir tiers poil, IX^{xx} v l. XII s. VI d. t.

(Folio 15 verso-15.)

Pour avoir fait et taillé.... VI robes pour les VI paiges dudit feu seigneur, icelles avoir doublées de x a. doubleure noire, et de III quartiers fin noir de Rouen avoir doublé le devant des manches desdictes robes, au pris de XXXV s. t. pour façon de chascune, valent x l. x s. t.

Pour.... VI chapperons de dueil, au pris de v s. t. pour façon de chascun, valent XXX s. t.

Pour.... VI pourpoins, au pris de XLV s. t. pour façon et estouffes de chascun desdiz pourpoins, valent XIII l. x s. t.

(Folio 23 verso.)

A Guillemin Menegent, nagueres sellier dudit feu seigneur, la somme de XX l. v s. t...., pour avoir couvert de XXX aunes veloux noir VI harnoiz de cuir pour les VI chevaulx des VI paiges dudit feu seigneur, au pris de IX s. t. pour cuir et façon de chascun harnoiz, valent XVIII l. t.

(Folio 36.)

Pour VIII^{c} l. semblable cire neufve mises et employées en II^{c} torches de IIII l. pesante, lesquelles ont servy devant le corps dudit feu seigneur à l'issue de Nostre-Dame des Champs, à l'entrée de Paris, et furent portées par II^{c} povres vestuz en dueil, lesquelz les tindrent en ladicte eglise durant vigilles jusques en l'eglise de Nostre-Dame, lesquelles, au dessusdit pris de XXV l. t. le cent, valent II^{c} l. t.

(Folio 9 verso.)

Pour VI^{c} aulnes autre drap noir dont ont esté faictes II^{c} robes et II^{c} chapperons pour les II^{c} povres qu'ont porté les torches à l'entrée de ladicte ville de Paris, à l'issue, et jusques à Saint-Denis, au pris de XX s. t. l'aune, valent VI^{c} l. t.

(Folio 20 verso.)

Audit Jehan Pocquet, pour ses peine et facon d'avoir fait et taillé II^{c} robes et II^{c} chapperons, etc..., C l. t.

(Folio 25.)

A Guillaume du Ru, bourgois, demourant à Paris, et Colas Doulcet, XX l. VII s, VII d. ob. t., pour les restituer de semblable somme qu'ilz ont paiée pour la despence de bouche tant des LXIIII hommes, tant henouars que porteurs, qui portèrent le corps dudit feu seigneur, de l'eglise Nostre-Dame des Champs jusques en l'eglise Nostre-Dame de Paris et d'illec à Saint-Denis, comme des XXIIII crieurs d'icelle ville de Paris.

(Folio 7 verso.)

Aux XXIIII henouars porteurs de sel de la ville de Paris et XL autres hommes leurs aides, faisans ensemble LXIIII hommes, la somme de LIII s. IIII d. t. qui est à chascun d'eulx X d. t., pour don à eulx fait en la ville de Saint-Denis, et ce pour partie de la despence d'un desjuner par eulx illec faicte le samedi matin, jour que le feu Roy (que Dieu absoille !) fut inhumé en l'eglise dudit lieu de Saint-Denis.

Aux XXIIII hanouars, porteurs de sel à Paris, oultre leur despense de bouche et tant pour la composicion faicte avec eulx par les religieux de Saint-Denis en France, montant X l. t., pour avoir par iceulx hanouars porté inhumer ledit feu seigneur par les mectes d'iceulx religieux, comme aussi pour avoir porté ledit corps par plusieurs autres lieux et limites que n'estoient tenuz de fere. Pour tout ce, XVI l. X s. t.

A XL serviteurs et aides qui ont porté ledit corps, avecques lesdiz henouars, ou lieu des autres officiers dudit feu seigneur, lors absens de Paris, et lesquelz aides il a convenu avoir pour le grant fez de la lictière dudit corps. Pour ce à eulx paié, oultre leur despense de bouche, XXVII l. X s. t.

Aux XXIIII crieurs.... XV l. t.

(Folio 13.)

Pour II^c LXIIII a. drap noir dont ont esté faictes IIII^xx VIII robes et autant de chapperons pour les personnes qui s'ensuivent. C'est assavoir : XXIIII pour les XXIIII hanouars; XL pour XL hommes pour aider ausdiz hanouars...; et XXIIII pour les XXIIII crieurs d'icelle ville de Paris, au pris de XXVII s. VI d. t. l'aune dudit drap, valent III^c LXIII l. t.

(Folio 20 verso.)

Audit Jehan Pocquet.... pour ses peine et façon d'avoir taillée IIII^xx VIII robes et autant de chaperons, etc..., au pris de X s. t. pour façon de chascune robe et chapperon, valent XLIII l. t.

(Folio 25.)

Pour VI aunes deux tiers taffetas de Florence dont ont esté faictes IIII cottes d'armes pour les IIII heraulx qui ont accompagné le corps, au pris de III escus l'aune, valent XX escus. Pour ce, XXVII l. X s. t.

(Folio 16.)

Audit Jacob de Littemont, la somme de XXVIII l. t pour ses peine et façon d'avoir battu de fin or aux armes de France VI aunes II tiers taffetas de Florance bleu, dont ont esté faictes IIII coectes d'armes pour IIII heraulx qui ont accompaigné le corps dudit feu seigneur, au pris de VII l. t. pour l'esbature de chascun, valent ladicte somme de XXVIII l. t.

(Folio 35.)

Décoration de Notre-Dame et de Saint-Denis.

A Benoist Murgale, sonneur en l'eglise Nostre-Dame de Paris, pour avoir prins les mesures et longueur de ladicte eglise par hault, et pareillement des chaières et du tour du choeur, xx s. t.

Pour avoir ratissé et avoir osté tous les vielz escussons qui estoient ès pilliers de ladicte eglise, LX s. t.

(Folio 44 verso.)

Pour avoir baillé et livré pour le fait desdictes funerailles à Jacob de Littemont, Colin d'Asnières et Pierre Hennes, paintres, VI^c aulnes bougran bleu, pour icelles semer de fleurs de liz pour fere les paremens par hault tout autour des eglises de Nostre-Dame de Paris et Saint-Denis, au pris de x s. t. l'aune, vallent III^c l. t.

(Folio 19.)

A Jacob de Littemont, paintre..., pour VII^c L petis escussons pains aux armes de France, au pris de XII d. t. la pièce, valent XXXVII l. x s. t. Pour III^c L autres escussons plus grans que les dessusdis, audit pris de XII d. t. la pièce, valent XVII l. x s. t. Pour VI^xx v autres plus grans escussons, au pris de II s. t. la pièce, valent XII l. x s. t.

A Jehan de Monbuxon, paintre, demourant à Bourges, la somme de VIII l. XV s. t. pour avoir fait et livré XV grans escussons, contenant chascun une feuille de pappier, et CL autres escussons moiens, faiz comme dessus, contenant chascun demi feuille de papier, au pris de XII d. t. chascun, l'un portant l'autre.

(Folio 34.)

Pour XLIIII aunes veloux noir tiers poil dont ont esté faiz les paremens hault et bas du grant autel de Nostre-Dame de Paris, du petit autel de derrière la chaière du prelat et du pupiltre, et ont esté faiz lesdiz paremens de deux largeurs de veloux, au pris de IIII escus et demi l'aune, valent IX^xx XVIII escus.

Pour CIIII aunes dudit satin noir dont ont esté faiz les paremens autour des chaières, audit pris de II escus demi l'aune, valent II^c LX escus. Et pour IIII^xx aulnes dudit satin noir, dont ont esté faiz semblables paremens autour du cuer...., II^c LXXV l. t.

(Folio 17.)

Pour avoir semé de fleurs de liz CL pièces bougran bleu, contenant chascune pièce IIII a., qui ont servy à fere les saintures desdictes eglises par hault, au pris de XV s. t. pour façon de chascune pièce, valent CXII l. X s. t.

Pour IX^{c} X grans escussons et XIX^{c} XL petis, pains aux armes de France, couronnez, lesquelz ont servy en la forme et manière qui s'ensuit : c'est assavoir lesdiz grans à mettre et asseoir encontre les pilliers desdictes eglises, et les petis aux torches que l'en porta depuis Nostre-Dame des Champs jusques en l'eglise de Nostre-Dame de Paris et Saint-Denis, aussi en celles qui ardoient dedans lesdictes eglises, le service durant, et sur les povres qui portoient lesdictes torches, au pris de II s. t. la pièce des grans et XII d. t. la pièce des petiz, valent CIIII^{xx} VIII l. t.

(Folio 34 verso 35.)

Pour XXX aunes de taffetas bleu dont ont esté faictes IIII bannières et IIII panons pour mettre ès eglises de Nostre-Dame de Paris et Saint-Denis, au pris de III escus l'aune, valent IIII^{xx} X escus.

Pour IIII^{xx} II aunes taffetas de Florence bleu et noir dont ont esté faiz XI blasons aux armes de France..., II^{c} XLVI escus.

(Folio 16.)

A Janete la Fairebourque, frangeresse, demourant à Paris, la somme de LXXIII l. XVI s. X d. ob. t..., pour 'avoir baillé et livré IIII l. franges perses dont ont esté frangiées et garnies IIII bannières et quatre panons semez des armez de France, au pris de VIII l. X s. t. la livre, valent XXXIIII l. t.

(Folio 18 verso.)

A Olivier de Raiz, cousturier, demourant à Paris, la somme de IX l. t.... pour la façon de XL blasons par lui faiz de taffetas de Florence noir et bleu, lesquelz ont servi tant en l'eglise de Nostre-Dame de Paris que en celle de Saint-Denis, et pour avoir de semblable taffetas de Florence taillé, cousu et fait quatre estendars et autant de bannières.

(Folio 24.)

A Jacob de Littemont, Nicolas d'Amiens et Pierre Hennes, paintres..., pour avoir batu de fin or aux armes de France xxx aunes taffetas de Florence bleu, dont ont esté faictes IIII bannières et IIII pannons pour mettre, etc., au pris de x l. pour l'orbateure de chascun panon et banière, valent XL L. t.

Pour l'orbateure de XL grans escussons, faiz de IIII^{xx} II a. taffetas de Florence noir et bleu, par marché fait à eulx pour l'orbateure seulement, C IIII l. t.

(Folio 34 verso.)

A Jehan de la Granche et Jehan du Puys, charpentiers demourans à Paris, la somme de VI^{xx} IIII l. II s. VI d. t. qui deue leur estoit pour avoir fait et livré tout le bois dont ont esté faictes les deux chappelles de boys mises ès eglises de Nostre-Dame de Paris et Saint-Denis, soubz lesquelles a esté mis le corps dudit feu Roy durant le service fait èsdictes eglises, et avoir lesdictes chapelles garnies de croix et chevilles à mettre les cierges, et livré plusieurs autres parties de leur mestier, neccessaires et servans à tenir les torches et cierges hault et bas èsdictes eglises.

(Folio 31.)

Pour IIII^{c} XX l. de ladicte cire dont ont esté faictes IXX grans torches de VI l. la pièce, lesquelles ont servy en ladicte église de Nostre-Dame de Paris autour de la chappelle de bois soubz laquelle reppousoit le corps d'icellui feu seigneur, audit pris, valent CV l. t.

Pour IIII^{xx} livres semblable cire mises et emploiées en IIII grans cierges de XX l. la pièce, lesquelz ont servy en ladicte eglise durant que le corps fut en icelle, audit pris de XXV l. t. le cent, valent XX l. t.

Pour IIII^{xx} l. de ladicte cire dont ont esté faiz XX cierges de IIIj livres la pièce, lesquelz ont semblablement servy à l'entrée et dessus le grant haultel de ladicte eglise...., XX l. t.

Pour XIII^{c} livres de ladicte cire neufve, dont ont esté faictes VI^{c} L torches, lesquelles ont servy et esté mises tout au tour de la nef de ladicte eglise, à II rencs, et en toutes les chappelles d'icelle..., III^{c} XXV l. t.

Pour II^{m} II^{c} IIII^{xx} III l. de ladicte cire, mises et emploiées en II^{m} IIII^{c} cierges, lesquelz ont servy en ladicte eglise tant en la chappelle de bois, autour de la nef, à double renc, que ès chappelles d'icelle eglise..., v^{c} lxx l. xv s. t.

(Folio 9 verso-10.)

Pour x aunes veloux noir tiers poil dont ont esté faiz les paremens de la chaière du prelat de l'eglise Saint-Denis en France..., xlvii escus.

Pour iiii^{xx} vii aunes quart dudit veloux noir (paremens des chaières)..., iii^{c} iiii^{xx} xii escus demi demi quart.

Pour lx aunes quart veloux noir (semblables paremens autour du cuer)..., ii^{c} lxxi escus demi quart.

Pour xxv a. veloux sur veloux noir (semblables paremens hault et bas des deux autelz estans ou cuer de ladicte eglise et en cellui de la chappelle où est ensepulturé ledit feu seigneur)..., viii^{xx} xv escus.

Pour xvi a. demie satin noir dont ont esté faictes les gotières pour asseoir et mettre autour de la chappelle de bois soubz laquelle a esté mis le corps dudit feu seigneur..., xli escus quart.

Pour xxxi a. taffetas de Florence noir (vi custodes)..., iiii^{xx} xiii escus.

Pour xlv a. quart veloux noir tiers poil (paremens de la chapelle de bois)...., ii^{c} iii escus demi demi quart.

Pour xxv a. veloux sur veloux noir (paremens d'autelz)..., viii^{xx} xv escus.

Pour xxx a. et demie veloux noir (idem)..., vi^{xx} xvii escus quart.

Pour xliiii a. ii tiers satin noir (paremens par bas des autelz)..., cxi escus ii tiers.

Pour iiii^{xx} xviii a. dudit satin, dont ont esté faiz les paremens d'une largeur de satin seulement, pour mettre et asseoir autour de la nef de ladite eglise..., ii^{c} xlv escus.

(Folios 17-18.)

Cinquante-cinq grandes torches de six livres autour du corps.

Quatre grands cierges de vingt livres autour du corps.

Quatre grands cierges de dix livres autour de la fosse.

Trente-huit cierges de quatre livres « dessus et environ l'autel des corps sains, l'autel matinal devant le Roy Dagobert et aux enfens qui les portoient devant le prelat. »

Sept cents torches de quatre livres dans l'église.

Deux mille trois cents cierges autour de l'église à double rang et aux piliers et chapelles.

Ensemble 564 livres cinq sous tournois.

Depense totale en luminaire de Mehun à Paris et Saint-Denis, 3,768 l. t.

(Folios 10-10 verso.)

Services à Notre-Dame et à Saint-Denis.

A Maistre Nicole Conne, dit Lamy, mariglier lay de la grant eglise de Paris, la somme de L l. t. pour la sonnerie qui faicte a esté en ladicte eglise, pour l'obsèque dudit feu Roy, durant le temps que le corps d'icellui feu seigneur a demouré en icelle eglise.

(Folio 5 verso.)

A Bertault Hervy et Jehan d'Andely, maistres maregliers de l'eglise monseigneur Saint-Denis en France, la somme de XL l. t. pour la sonnerie par eulx faicte en ladicte eglise pour l'obsèque dudit feu seigneur.

(Folio 6.)

A Rogier Cotereau, messaiger de la Chambre des comptes, la somme de VIII l. t. tant pour lui comme XVII autres messagiers ses compaignons d'office, lesquelz ensemble ont servy à fere faire place, devant le corps dudit feu Roy, au peuple estant en la ville de Paris, depuis l'eglise Nostre-Dame des Champs jusques à Nostre-Dame de Paris, et d'illec à Saint-Denis, et gardé partie des huys desdictes eglises.

A Bertrand Boisseau, Adriam Blanchet et Pierre Soize, demourans à Paris, la somme de XX s. t. pour leur peine et sallere d'avoir gardé, durant que le service dudit feu seigneur a esté fait en l'eglise Nostre-Dame de Paris, les portes d'icelle eglise, pour obvier à la presse du peuple alant et venant en icelle.

(Folio 44.)

Audit maistre Philippe Saiget, la somme de XLV l. XVI s.

VIII d. t. pour convertir ou paiement de II^c LXXV chappellains, lesquels dirent et celebrerent en l'eglise Nostre-Dame de Paris, chascun une messe de *Requiem* le jour que le service dudit feu seigneur fut fait en icelle église, au feure de III s. IIII d. t. pour chascun chappellain.

A lui, la somme de XXXVI l. XVI s. VIII d. t. pour convertir ou paiement de II^c XXI chappellains, lesquelz dirent et celebrerent pour le salut de l'ame d'icellui feu seigneur en l'eglise de Saint-Denis en France, le jour qu'il fut inhumé, chascun une messe de *Requiem*.

(Folio 6.)

Pour le salere d'un masson qui a faicte la voste où a esté inhumé le corps dudit seigneur, XXX s. t.

(Folio 46 verso.)

Aumônes.

A Thibault Gauchier, la somme de L l. t., à luy baillée et delivrée, et laquelle a par lui esté, le jour de l'obsèque dudit feu Roy en la ville de Saint-Denis en France, distribuée et departie pour Dieu et en aumosne à plusieurs povres indigens, pour le salut et remede de l'ame dudit feu Roy, c'est assavoir à chascune personne X d. t. Auquel lieu de Saint-Denis ne fut aumosne que ladicte somme, pour la grant desordonnance et violence de plusieurs fors et puissans hommes bien disposez à gangner leurs vies à la peine de leurs corps, qui, pour pervenir à icelle aumosne, avoient foulez et oppressez lesdiz povres et impotens estant illec assemblez; et fut advisé, pour obvier à inconvenient, cesser ladicte aumosne et l'aler achever à Paris.

Aux prevost des marchans et eschevins de la ville de Paris, la somme de II^c L l. t., qui par eulx a esté distribuée en parachevant l'aumosne dessusdicte, tant à l'Ostel-Dieu de Paris comme à povres femmes veufves, femmes accouchées, filles à marier et autres indigens, povres honteux, membres de Nostre Seigneur, audit lieu de Paris.

(Folio 7.)

Voyages, gages, etc.

A Bernard Raoul, chevaucheur de l'escuirie, la somme de

cx s. t., pour plusieurs voyaiges par lui faiz, tant de Mehun à Chinon porter lettres à la Royne par lesquelles lui fut fait savoir le trespas dudit feu seigneur, comme dudit Mehun à Bourges et retourner, pour aporter certaines besongnes necessaires pour le fait dudit obsèque.

A Jehan Charbonneau, la somme de LX s. t., pour ung voyaige par lui fait, partant de la ville de Mehun-sur-Evre, devers monseigneur d'Orleans, lui porter certaines lettres closes touchant l'obsèque et funerailles d'icellui feu seigneur.

(Folio 40.)

A maistre Michel de Villechartre, notaire et secretaire du Roy nostre sire, la somme de XII l. t., pour ung voyaige par lui fait par l'ordonnance de messeigneurs du grant conseil, partant de la ville de Mehun-sur-Evre, en la ville de Tours en l'ostel de Martin Poucher, querir la somme de XX^{m} l. t., et icelle avoir amenée et conduicte jusques en ladicte ville de Mehun par devers maistre Anthoine Raguier, tresorier des guerres, pour la bailler à monseigneur le grant escuier et à monseigneur l'argentier, pour convertir et employer en l'obsèque et funerailles dudit feu Roy, ouquel voyaige il a vacqué par l'espace de six jours entiers, qui au feur de XL s. t, font, etc.

(Folio 39 verso.)

A Jehan Carbonnel le jeune, chevaucheur du tresor du Roy nostre sire, à Paris, la somme de cx s. t. en IIII escus d'or, pour ung voyaige par lui fait, partant de la ville de Paris, en la ville de Romorantin, porter à messeigneurs du conseil dudit feu seigneur, de par messeigneurs de la chambre des comptes, instruction et ordonnance qu'on devoit tenir touchant l'obsèque et funerailles d'icellui feu seigneur.

(Folio 41.)

A Tanguy du Chastel, nagueres premier escuier, comme dit est, la somme de c l. t. pour la despence de lui et de ses gens, faicte depuis son partement de Mehun jusques au jour que ledit seigneur (que Dieu absoille!) fut ensepulturé.

Audit escuier, la somme de VI^{xx} x l. t., qui par lui a esté paiée et distribuée à plusieurs et diverses personnes, tant pour certains voyaiges par eulx hastivement faiz sur le chemin de lieu en autre, que autres services par eulx faiz pour le fait dudit obsèque et funerailles.

(Folio 41 verso.)

A Martin Anjorrant, pour ses peine et sallere d'avoir distribué par ses mains la plus part des deniers de la despence desdictes obsèque et funerailles et avoir continuelment esté et suivy le corps dudit feu seigneur par toutes les places et lieux où il a esté mené jusques au jour de sa sepulture, tant pour ce que pour la despence de luy et deux hommes, L l. t.

(Folio 42.)

A Françoys Perdrier et Gilbert Passet, clercs, la somme de xx l. t., tant pour leur peine et sallere d'avoir servy et continuellement vacqué depuis le trespas dudit feu Roy (que Dieu absolle)! jusques au jour de sa sepulture à Saint-Denis en France, aux besoignes et charges à eulx enjoinctes pour le fait desdictes obsèque et funerailles dudit feu Roy, comme pour avoir minué et par plusieurs foiz mis au net et en papier ces presentes parties de despenses.

(Folio 47 verso.)

IMPRIMERIE GÉNÉRALE DE CH. LAHURE
Rue de Fleurus, 9, à Paris.

www.ingramcontent.com/pod-product-compliance
Lightning Source LLC
LaVergne TN
LVHW020424230826
846091LV00004B/1400

* 9 7 8 2 0 1 3 6 9 6 8 6 9 *